東京百景

又吉直樹

角川文庫
22118

東京百景

はじめに

東京に初めて住んだのは十八歳の時だった。

その時、僕が頭の中で広げた東京の地図は限りなく白紙に近いものだった。これから自分で地名を書き込み、線を引き、色を塗る。そんな淡い期待と同時に底知れぬ不安も感じていた。「どうしてこんな場所まで来てしまったのか」と激しい後悔に襲われた。一人暮らしの夜は幽霊も怖かった。

劇場中心の生活を続ける中で、文章を書く仕事をいただくようになった。素人が恰好つけても仕方がないので取りつくろわず正直に書くと決めた。最初の六年間は一銭も貰えなかった。

東京暮らしが十年経った頃、新しく連載の話をいただいた。この機会に東京での想い出を、その折々の風景にゆだねて書いてみたいと思った。題名は『東京百景』。太宰治の短篇『東京八景』も頭の片隅にあった。書くと心が躍った。あれも、これも、それも書きたい。かつて真っ白だった頭の中の地図には無数の地名と線と雑記が書き込まれていた。

『東京百景』を書き終えた時、僕は三十二歳の中年になっていた。青春というには老け込んだ。だが大人というには頼りない。誇れることは一通りの恥をかいたということのみ。

あくまでも自分の生活に附随した風景だから場所が随分偏った。観光の供にはならないだろう。しかし、これが僕の東京なのだ。東京は果てしなく残酷で時折楽しく稀に優しい。ただその気まぐれな優しさが途方もなく深いから嫌いになれない。

この本を出す機会に恵まれたことが本当に嬉しい。この先、仕事が無くなることも、家が無くなることもあるだろう。だが、ここに綴った風景達は、きっと僕を殺したりはしないだろう。皆様に一つでも刺さる風景があればなお嬉しい。

又吉直樹

目次

Ⅲ

I

一 ✿ 武蔵野の夕陽

上京した春、井の頭公園の芝生に半裸の老人が座っていた。

僕は遊び心で隣にいた友人に、「あの人は三十年動かずあそこに座り続けてんねん」と適当な嘘を言った。すると友人は、「へー、ご飯どうしてんねやろ？」と鵜呑みにしてしまい、後に引けなくなった僕は、「動かんからエネルギーは消耗せえへんし腹減らんねん」と嘘を重ね、「ほな汚いけど偉い人なんや」と感心する友人に、「まぁ、俺は偉いと思う」と更に嘘を重ねた。夕陽の下でおもちゃにされる裸の老人。

数年後、そんな悪業が招いた罰なのか、井の頭公園を歩いているとスーツ姿で自転車に乗った外国人宣教師に声を掛けられ、挨拶を交わすと突然、「アナタヲ救ッテアゲタイ」と詰め寄られた。

散歩を楽しんでいただけなのだが周囲からは苦悩する男に見えたのだろうか。『死神』や『死体』と形容される自分の顔面を呪いたかった。宣教師は熱を帯びた口調で「無理シテハイケナイ！」と強く迫って来た。なぜ、こんなことになってしまうのだろう。宣教師のあまりの剣幕に恐怖しながらも、「神様とか信じてないので……」と僕は明確な意思を声に出した。しかし、心の中では「神様助けて下さい！　神様助けて下さい！」と必死に叫び、その瞬間だけならば宣教師よりも僕の方が切実に神の存在を信じていたと断言できる。夕陽を背にして足早に宣教師から逃げた。

この話には後日談がある。僕の友人が井の頭公園を歩いていると、やはり外国人宣教師に声を掛けられ、しばらく会話していると宣教師が思い詰めた表情で、「実ハアナタニ似タ人ヲ救エナカッタ……」と懺悔(ざんげ)を始めたらしい。友人は、よく僕に似ていると言われていたので、もしやと思い「それ又吉？　昨日会ったよ」と言った。すると宣教師は「えっ？　生きてんの？」と物凄く綺麗な日本語を発したらしい。僕は宣教師の頭の中で勝手に殺されていたのだ。

井の頭公園を歩くことが日課のようになっていた。「お前どこにいんだよ！」と携帯電話で喧嘩している男性がいた。待ち合わせ場所が解らずに激昂(げっこう)しているようだった。男性は鬼のような表情で「だから俺は池のほとりにいるって言ってんだろ！」と叫んだ。しかし、井の頭公園は池を中心として周囲に公園が広がっているので、どこもかしこも『池のほとり』なのだ。二人は永遠に会えないと思った。

またある時、僕は井の頭公園のベンチに独りで座っていた。すると突然老婆が「良い男だね！　横いいかい？」と言って隣りに腰掛けた。「散歩ですか？」と訊ねた僕の言葉を黙殺し老婆は前方の池を見つめたまま、「お兄さん、ホストになりな」と言った。巨大な疑問符が空に浮かんだ。自分がホストになんてなれるわけが無い。老婆は、「似てるんだよね」とも言った。正直、怖かった。老婆がかつて恋した男に僕が似ていたかどうかは解らない。老婆がそう思いたいだけなのかもしれないし、似てなくても話し相手が見つかれば誰でも良かったのかもしれない。だけど、その時、軽薄な偽善が頭に浮かび、僕は老婆が好きだった男に束の間なってみようと思った。それらしくやれば、老婆に喜んで貰えると思ったのだ。それがいけなかった。武蔵野は黄昏時で全ての輪郭を曖昧にしていた。

僕の身体は急激に朽ちて老人と化した。老婆に驚かれるのが嫌で僕はベンチから立ち上がり、走って逃げた。老いた身体で腰を曲げて走る男を、誰かに自分だと知られるのを恐れて服を脱ぎ捨て倒れたのが芝生の上だった。途方に暮れて幾日もそこに座り続けた。

関西弁の青年に、「あの人は三十年動かずあそこに座り続けてんねん」と言われて月日の流れを知った。あの老婆は毎日夕暮れ時に若い頃の僕と似た男を探しているようだった。全てをあきらめ半裸で芝生に座る僕に「アナタヲ救ッテアゲタイ」と声を掛ける人がいた。外国人宣教師だった。

次の瞬間、僕は元通りの肉体で老婆とベンチに座っていた。武蔵野の夕陽は無差別に平等に全ての人を射し、苦悩も憂鬱も記憶さえも曖昧に溶かしてくれる。この圧倒的に優しい風景を東京百景の一つに数えたい。

それにしても今日は曇っている。

二 ❦ 下北沢駅前の喧噪

ある夜、下北沢の駅前で作家のせきしろさんと待ち合わせをしていた。すると、突然何者かに肩を組まれた。驚き横を見ると、頭にバンダナを巻いた小柄な中年男性がネズミのような顔面を僕に近づけて来た。

「一緒だな……同志」

男がつぶやいた。とても厄介だ。僕は自分と男とのあいだになんら共通点を見出だすことができなかった。肩を組まれているので無視するわけにもいかず形式的に「えっ？」と声を発すると、「見りゃ解るよ……お前もやってんだろ！」と男は言った。薬物をだろうか？ それならやっていない。できるだけ相手を刺激せず優しく「なにをですか？」と聞いてみると男が突然叫んだ。

「ブルース!!」

怖かった。ただ単純に恐ろしかった。

「ブルース」と発音する時は唇を尖らせ無理やりビブラートを利かせようとしていた。一刻も早く男から解放されたかったので、決別の意志を込めて、「僕はブルースやってないです」と答えた。生涯でこのような言葉を発する日が来るとは思ってもみなかった。

「見たら解るんだよ」

男は全く聞く耳を持たなかった。仕方がないので渋々「ブルースやってらっしゃるんですか？」と男に聞くと、「見りゃ解んだろ!!」と怒声を上げＴシャツの袖をめくり二の腕を見せびらかすようにした。しかし、男の腕は筋肉が特別発達しているわけでもなく日焼けの境界線が気になるだけだった。それだけに男がより恐ろしく感じられた。

呆れている僕の表情に気づいたのだろう、男は子供が駄々をこねる時のように語尾を強調する発音で「タ、トゥ、ウー」と言った。奇妙な馬鹿が無邪気なことほど、この世に恐ろしいものは無い。もう一度男の腕を確認すると、お料理教室にあるレースのテーブルクロスを連想させる地味で薄いタトゥーが彫られてあった。罰ゲームで彫られたのだろうか。もしくはお料理教室を皆勤で卒業した模範生なのだろうか？

　男は更に僕に詰め寄り、「でも……好きだろ？　ブルース……ジミヘン聴くだろ？」と続けた。男が少しだけ不憫に思われ「嫌いではないですけど」と言ったのが間違いのもとだった。男は急に元気になり得意気な表情で、「お茶するくらいの時間だったらあるぞ〜」と言った。

　なぜこのようなことになってしまったのだろう？　僕は作家のせきしろさんを待っていただけなのだ。人と待ち合わせていると伝えても男は一向に引き下がらない。

　そこに、ようやくせきしろさんが到着して下さった。せきしろさんの髪型はモヒカンなので初見だと威圧感があって知り合いとしては頼もしい。ブルースとパンクスが対峙したような状況になった。せきしろさんは一部始終を目撃していたそうだがブルースの男を僕の友達だと勘違いしたらしく、あんな変な男を紹介されてはかなわないと陰に身を潜めていたらしい。肩を組んでいたとはいえ、あのような男と友達だと思われてしまうとは産んでくれた母親に謝罪したい。

僕はせきしろさんと一緒に商店街を進み、男から離れた。しばらく歩いて後ろを振り返ると雑踏の切れ間に小さく男が見えた。次の瞬間、男は真っ直ぐな眼で僕を捉え大声で叫んだ。

「ブルース!!」

その時の下北沢駅前の風景は濁り気無しに汚れていて絶望的に輝いていて、とてもブルースだった。

三 ✿ 日比谷野外音楽堂の風景

東京の街に出て来ました
あい変わらずわけの解らない事言ってます

このような歌詞から始まる、くるりの『東京』という名曲がある。

上京する前にラジオから流れるこの曲を聴いて好きになり、一瞬でこのバンドのファンになった。実際に東京へ出て来ると、より強い迫力と説得力を持ってこの曲は僕の心へと迫って来た。

上京してから僕は幾度となく大きな窮地に立たされた。バイトの面接に落ちたと面接中に解った日も、顔色の悪い警官から職務質問を受けた夜も、眠れずに迎えた気怠い朝も、この曲は優しく僕を癒してくれた。

二十一歳の頃、大家さんが亡くなったため住んでいた高円寺のアパートを突然立ち退くように命じられたことがある。アパートを潰して土地を売り、親戚で金を分けるためだったらしい。

大家さんが体調を崩してから厚意で家賃の管理をしていた近所の八百屋さんは寂しそうに、「おばあちゃんが生きてる内は誰も面倒見なかった癖に……」とサニーレタスをこすりながらそのように話した。「二ヵ月以内に出て行くように」という横暴な手紙が悪徳弁護士から送られ、引っ越し資金が無いのですぐには無理だと言ったら、「じゃあ法的な手段を取らせて貰う」と冷たい電話が掛かって来た。

数日後には裁判所から呼び出しの手紙が届いた。裁判所に行く前に緊張を和らげるため近くにあった日比谷野外音楽堂の周りを散歩しながら『東京』を聴いた。

民事調停は会議室のような所で裁判所の人が立ち会う中、話し合いをする。初めて対面した悪徳弁護士は「新しい家探すの私も一緒に手伝いますね」と凄くぶりっこをしていて気持ち悪かった。

僕は裁判所の人に今まで悪徳弁護士にされたことを述べた。弁護士は額から汗をタラタラ垂らしながら懸命に笑っていた。

その翌年、日比谷野外音楽堂で開催されたくるりのライブに行った。くるりはロックバンドだが、「イエーイ!」とか「ロックンロール!」とか叫ばないのが良かったし、曲と曲の合間で「靴ひもほどけたから待ってな」と言って、靴ひもを結び直す姿が最高に信用できた。皆が跳びまくる中、静かに観ていた僕だがライブ終盤テンションが最高潮に達し「ここだ!」という時に跳ぼうとしたら横にいた大きな外国人のヒジが肩に乗り全く動けなかった。くるりはアンコールで出て来た時、どの曲をやるのか決めておらず、観客に「なにが良い?」と聞いていた。僕は『東京』が聴きたかったが勇気が出ず、誰かが「東京~!」と言った後に便乗して、「そうだ! そうだ!」と手を叩いたりしていて相変わらずダサかった。

ボーカルの岸田さんは眼鏡を掛けていたし、靴ひもを結び直したり、アンコールの曲を決めてなくて相談しているあいだちょっと待たされたり、そういう日常と地続きの光景が含まれているからこそ、音楽によって何度ももたらされたカタルシスを特別なものとして体験できた。もちろん楽曲が突き抜けて恰好良いというのが大前提としてあるけれど、過剰にロックを体現するような言動を用いなくても、生きて来たままの佇まいがあれば剝き出しの表現になるバンドもあるということが解った。僕も誰かから「こうするべきだ」と言われても、自分が信じられない場合はやらない。自分が信じる方法でしかやりたくない。

その数年後、僕は日比谷野外音楽堂に立っていた。ギャグの大トーナメントだった。予選で敗退すると思っていたのだが、運良く勝ち上がったためギャグの数が足らず、舞台の裏で考えた。「ここ裁判で昔来たな」とか「くるり恰好良かったな」とか考えていたら、その時の気持ちが意識の表面に浮かび上がって来て、気がついたら僕は大きな舞台の上で身体を揺らし、「国家にとって善からぬ思想を持っています」とあい変わらずわけの解らない事を言っていた。

四 ✿ 三鷹下連雀二丁目のアパート

上京して最初に住んだアパートは、後から解ったのだが偶然にも太宰治の住居跡に建ったアパートだった。

そんなことも知らずに、僕は太宰が作品を書いた場所で、太宰の作品を貪(むさぼ)るように読んでいた。今思えば不思議な体験だ。この部屋で太宰の文章を腹に入れたい衝動に駆られ、実際に新潮文庫を破って食べたことがある。紙の匂いがのどに引っ掛かって中々呑み込めなかった。本を食べてはいけないということも知らなかった。

それから十二年経ち、アパートの隣りに住んでいる御夫婦と再会できた。僕のことを覚えていてくれて嬉しかった。当時、その家のお祖父様が軒先の花に水をやるのをよく見ていた。子供の頃、太宰に抱っこされたことや、一緒に防空壕に入ったこともあったらしい。

五　東郷神社

渋谷や原宿で買い物をして疲れた後は雑踏を避け東郷神社へ行く。境内に入ると静寂が雑念を払い心を癒してくれる。それでも濾過(ろか)しきれない悩みは池の亀が聞いてくれる。

自分　店員に薦められるまま高額な意味不明の洋服を購入してしまいました。

亀　きっと似合うよ。

自分　それを買った後、なぜか自分は、後悔していない、金銭的に余裕があるから全く大丈夫だと店員にアピールするためレジの横に陳列してあった不必要なスカーフまで買ってしまいました。

亀　使えるよ。ホコリがかからないようにコンポに掛けたら良いよ。

自分　ありがとうございます。

亀　うん。
自分　お腹が減りました。
亀　僕は臭いから食べられないよ。
自分　候補にも入っていませんでした。
亀　……。
　僕は池の亀を喰うことを想像し激しい吐き気に襲われた。
自分　オエッ……オエッ、オエッ。
　何度も何度も吐きそうになる僕を亀が見ている。
亀　……なんかごめんね。
自分　こちらこそ、すみません！　オエッ、おかしいな……オエッ、あなたのことが嫌いとかじゃないんですオエッ。
亀　うん。
自分　むしろ好きなんです。でもあなたを食べるという発想が無かったから。
亀　もちろん、このままじゃないよ。調理とかして……。

自分　無理！　無理！　無理！　無理！　無理！　無理！

通りがかった神主と目が合ったが、「なんだ亀と喋っているだけか」という表情で歩いて行った。アルバイトの巫女に手伝わせ宝殿から引っ張り出した東京に被せる「夜」という布を四人がかりで運んでいた。しきりに神主は「端を持たないと端を」と巫女に言っている。

意識を亀に戻すと、いつの間にか橋の欄干に上がり首をピンと伸ばしていた。近くで見たら美味そうでしょ？　という表情だ。

自分　じゃあ、そろそろ帰ります。

亀　そっか、その服やっぱり使えないかもね。

自分　あれなんか機嫌悪くなってません？

亀　なってね〜よ。

亀は後ろ向きのままチャポンと池に飛び込み深く潜り浮かんで来なかった。

そのまま、東郷神社裏の公衆便所に行くと馬鹿の日本代表と呼ぶべき落書きがあった。「オリコンチャートのおりこうなお客にはヘドが出るぜ！」。

一点の曇りも無く純粋にダサかった。御託を並べる暇も無い時代にバルチック艦隊を撃破した東郷平八郎が奉られるすぐ裏で、嘘のように平凡な言葉でなにかを平凡と揶揄する落書きが酷く滑稽に思えた。神社の方から「せ〜の！」と叫ぶ神主の声が聞こえて来た。

東郷神社の非現実的な風景の対照にある落書きの俗っぽさは、東京そのものだった。

外に出ると空一面に夜の布が広がっていた。

六 ✿ 三鷹禅林寺

上京して最初に住んだのが三鷹だった。引っ越した初日、部屋に荷物を置いて近所を適当に歩いた。白い壁の上から桜が咲いているのが見えて、あそこまで歩いて行こうと思った。近くまで行くと、お墓だと解ったので手を合わせて帰った。

数日後、近所に太宰治のお墓があると知って地図を見ながら自転車で探しに行った。偶然にも、そこは僕が三鷹に引っ越した初日に歩いて桜を見に来たお墓だった。それが太宰のお墓がある禅林寺だった。

毎年、太宰の誕生日である六月十九日の桜桃忌（おうとうき）には全国から多くの読者がお参りに来る。僕は桜桃忌に限らず、年に何度か禅林寺に行く。

七 ❦ 山王日枝神社

僕達が通った吉本の養成所は溜池山王にあった。そこには数々の苦い想い出がある。養成所の入学式は、笑いという山の頂上を目指そうとする赤髪や金髪やアフロやドレッドヘアーの若者が狭い教室でひしめき合い自意識と自己顕示欲を撒き散らしていた。これから、この変人大会の様相を呈した環境で自分のように平凡な人間が他の人より目立つのは不可能だと思い、激しい嘔吐感に襲われた。すると生徒達を指導するスタッフが四百人近くいる集団の中から僕を指差し、「おい！　超危ねぇ奴いんじゃん！」と笑い、他のスタッフも「本当だ！　人殺しじゃねぇの？」と僕を見て笑った。確かに数秒前、目立ちたいと強く願ったが、このような形で注目されることは望んでいなかった。その夜、日記には『初日で終わり』と書いた。

養成所に通うのは苦痛だった。褒め言葉のように「変わってるね」と互いに言い合う人達が多くて気色悪かった。なぜ変わっていることが誇らしいのかが解らなかった。僕にとって『個性』とは余分にある邪魔なものを隠して調節するものであり、少ないものを絞り出したり、無いものを捏造することではなかった。無理して個性的なふりをしている奴等を見ると虫酸(むしず)が走った。

だから僕は以前から知っていた一部の人間としか関わりを持たないことにした。誘いを断り、一人で本ばかり読んだ。そんな日々を送っていたら、同期の馬鹿そうな奴に「たまに又吉くんみたいにさ、無理やり世界観出したがる奴いるよね」と言われてハッとした。僕は周りを避けるあまり、いつの間にか誰よりも突飛な言動を取ってしまっていたのかもしれない。馬鹿は僕だった。そう思うと、今後どう生きて行けば良いか解らなくなった。

養成所の教室で深夜稽古があった。疲れたので階段の踊り場で寝ていたら朝が来てホームレスと間違えられて通報されてしまった。その事件が決定打となり、養成所は移転することになってしまったらしい。

養成所に良い想い出は一つも無いが、学んだことはある。『普通』をやることの難しさ。

自我を貫くには恥を捨てる勇気が必要であること。それでも自然体を演じるくらいなら死んだ方がましだということ。結局好きなことをやるしか道は無いということ。つまりなにをしようと苦痛が伴うということ。あと思ったより良い奴がいたこと。春には沢山いた同期も、夏が終わると半分に減っていた。卒業する頃には、一割程度しか残らなかった。

そんな溜池山王で唯一、好きな場所が山王日枝神社だった。志賀直哉の『暗夜行路』にも出て来たから入学願書を取りに行った時も一人で参拝した。授業の空き時間や稽古の合間に境内を歩いたり本を読むのが楽しみだった。御祭神は大山咋神（おおやまくいのかみ）。大きな山に杭を打つ神、大山を所有する神であるらしい。僕はいまだ、大きな山の前でえずき続けている。

八　舞浜の踊り

十代の頃、東京に遊びに来た姉に誘われ、ディズニーランドがある舞浜に行った。僕は地名の由来を調べるのが好きなのだが、『舞浜』はおそらく太古に大漁を願った人々が海の神々に祈りと踊りを捧げた浜辺だったことに由来すると推測した。

そして、豊漁によって栄えた村は後に大きな文明をもたらし、神々に捧げた踊りはエンターテイメントへと発展して行った。そして、土地の力なのか人間の遺伝子に組み込まれた記憶なのか、必然的にこの場所にディズニーランドができた。そう思った。

しかし実際に調べると『舞浜』は、アメリカのディズニーランドがある『マイアミ』に由来するらしい。洒落たバーで、自分に酔って持論を展開する前に知ることができて良かった。姉に「怖くないから」と誘われて乗った乗り物が怖くて姉と久し振りに喧嘩した。パレードを見て喜ぶ子供やおばあさんを見ていると、僕も嬉しくなった。

九 ✿ 沼袋駅前商店街の向こう

「違う！　オリジナルや！」、「どこがやねん！　お前が変態なだけやろ！」、「河童なんかおらん！　大きい沼も無いからね！」などと、いつも彼等は全力で叫んでくれた。「沼袋って、池袋の偽物やろ？」、「沼袋って、東京で一番卑猥な地名やな？」、「沼袋では河童も住民票貰えんねやろ？」などと、僕が彼等の住むアパートがある沼袋を馬鹿にした時には必ず。

東京吉本の養成所の同期に、『輪ゴム戦隊』という大阪出身で同い年のコンビがいた。彼等は高校生漫才の全国大会で上位に入賞した経験があり、僕からすればスーパーエリートだった。全国大会で活躍するような凄い奴等が同期にいるなら自分達にチャンスなんて巡って来ないと絶望的な劣等感を募らせていた。

知らないふりをして無視する方法もあったのだが、それはできなかった。彼等は僕の地元の友達の友達の友達だったのだ。まぁ、地元の友達の友達の友達なんてほとんどただの他人だったのだが、知り合いがいない東京で心細かったこともあり、なんとなく仲良くなってしまった。

『輪ゴム戦隊』というコンビ名は気持ち悪いが、そのメンバーである哲ちゃんと、大ちゃんは大変気持ちの良い奴等だった。快活で、偉そうにせず、僕を友達のように扱ってくれた。

僕達はよく遊んだ。レンタカーを借りて、僕の友人の引っ越しを勝手に実行したこともあった。哲ちゃんはバイトの面接に落ちまくる僕の生活費を心配して、自分がやっているスタジオの深夜の受付のバイトに呼んでくれた。勝手に呼んでるだけなのでバイト代は一人分しか出ず、それを二人で分けた。僕は、哲ちゃんの後ろに座ってるだけだった。申し訳ないので、自作の詩を書いて哲ちゃんに読ましたりしていた。山下清でもあるまいし、僕の詩になんの価値も無いのだが。哲ちゃんが、女子とデートをした時は、バレないようにこっそり後を追い、後で哲ちゃんにバレて本気でしばかれかけたこともあった。

養成所の授業は想像以上に過酷で、多くの生徒が辞めてしまった。そんなある日、大ちゃんと二人で沼袋を歩いていると、「寿司屋の主人に勝手に出されたら嫌なネタってなんやろ?」と大ちゃんが言い出した。クイズかと聞くと、大ちゃんは大喜利だと言った。

大喜利なんてやったことが無かったが、大ちゃんは芸人だったら絶対に避けては通れぬ道だと言った。それなのに全然思いつかなくて怖いとも言った。「お前なら、なんて答える?」と聞かれたので、僕は「&ガーファンクル」と答えた。大ちゃんは夕暮れの空を見上げ「なるほどな」と言った直後に、僕を見て「なにそれ?」と言った。僕は「解らん」と答えた。

大ちゃんは「やっぱりな……、薄々感じてはいたけど、お前凄いわ」と言った。僕は馬鹿にされてると思ったが、どうやら大ちゃんは本気のようだった。

「サイモン&ガーファンクルの『サイモン』だけを抜いて、『&ガーファンクル』……『サイモン』と『サーモン』をかけてるわけやろ?」と大ちゃんは言った。

僕は全くそんなことを考えていなかった。大ちゃんのただの深読みだった。恥ずかしかった。「お前みたいな奴が芸人になるねん」その言葉を残し、大ちゃんは養成所に来なくなった。

その後も、僕は相変わらず二人と付き合いがあった。その日も僕は沼袋のアパートに居た。二人が些細なことで喧嘩を始め、殴り合いに発展した。僕は哲ちゃんのために自作の詩を書いていたので、すぐに反応できなかった。

喧嘩が終わった後、大ちゃんに「なんで止めてくれへんかったん?」と言われた。哲ちゃんにも「普通、あいだに入って来るやろ? お前おるし、ある程度で止めてくれると思って始めたのに……」と言われた。二人は笑っていたが、僕は恥ずかしくて負い目を感じた。本当は怖かったのだ。沼袋のアパートは解約され、大ちゃんは大阪に帰った。

十五年近く経っても、僕にとって沼袋は彼等の街だし、今でも「&ガーファンクル」という回答は全然面白くない。むしろ大ちゃんが絞り出した「家」という回答の方が、僕は好きだ。沼袋の商店街を抜けると彼等のアパートがある。

十 ✿ 芝大門尾崎紅葉生誕の地

僕が二十歳の頃、港区のａｂｃ会館ホールで雨上がり決死隊さんの単独ライブが開催された。芸人に成り立てだった僕は嬉々（きき）として見学に伺った。見学と言っても客席ではなく、本番中のセットの転換や衣装の着替えを手伝いながら観る。大勢の観客を沸かせる先輩は凄かった。こんな大勢の知らない人達の前で自分がネタをする姿を想像すると身体が震えた。怖い。自分は目立ちたがりでもないし、絶対芸人に向いてない。でも好きやし。などと煩悶（はんもん）していた。

その帰り道、憂鬱な感情をもて余しながら近くにあるという尾崎紅葉の住居跡を探しに行った。途中、警察官に職務質問を受けた。ようやく見つけた紅葉の住居跡は由来書きが一つあるだけだった。帰りにも二度職務質問を受けた。近くで事件があったらしい。やはり芸人には向いていない。空は暗く、前方にも暗闇が続いていた。

十一　✿　久我山稲荷神社

二十代前半の頃、三鷹台に住んでいたので久我山までよく歩いた。神田川沿いの道を歩いていると、若い女性が顔を地面に近づけ眉間（みけん）にしわを寄せていた。遠くから見ると地球に喧嘩を売っているようだった。そばまで行くと落とし物を探しているのだと解った。僕は迷った。感情に素直に従うと一緒に落とし物を探したいのだが、相手が綺麗な女性だったので、下心があると疑われ軽蔑されるのではないかと思った。

勇気を出して「落とし物ですか？」と聞いた。すると女性は「わたし」と言った。自分を落としたのだろうか？　しかし「コンタクト落としちゃって」と言葉は続いた。一緒に探したが結局見つからなかった。探した御礼に冷たい缶珈琲を奢って貰い、神社で一緒に飲んだ。狐の片眼が夏の陽射しに照らされ妙に光っていた。「いつかまたここで」と言って別れたが、二度と逢うことは無かった。

十二 ✿ 原宿を歩く表情達

東京ならば原宿だと思っていた。十代の頃、強迫観念に駆られ竹下通りのコンビニで怯(おび)えながらバイトを始めた。地方から出て来た若者達が己の身体を使って死に物狂いで自己表現を試みる場所。過剰な意識達が皮膚に突き刺さって痺れるような痛みを感じる街。いまだ原宿に憧れと恐怖を抱く僕は永遠に田舎者なのだろう。

この街にはファッションに興味を持つ若者が大勢集い、肥大化した個性を爆発させている。乱心した宇宙人のような恰好の男子と、戦国時代経由でタイムスリップしたパリジェンヌのような装いの女子が、すれ違う瞬間、相手の足元から頭の先までを舐(な)めるように観察し合う。お互い参考になるのだろうか？　一見すると浮かれているようだが、実際は全く違って皆真剣なのである。恐ろしい原宿。

僕も覚悟を決めて原宿に洋服を買いに行くことがある。以前、過剰に褒(ほ)めて来る厄介な店員がいて困った。もちろん、その店員の不在を確認してから店に入るのだが、服を物色していると必ず背後から聞き覚えのある声がする。

「男前がいると思ったら、やっぱりお兄さんですか」

出やがった。むずがゆいほど胡散臭いセリフに思わず赤面してしまう。僕は店員の接客から逃れたい一心で、服を選び試着室に避難する。すると試着室の外から、「いかがですか？」という店員の声。頼むから消えてくれと無視していると、「見せて下さいよ〜」と甘えて来る。非常に面倒だ。仕方がないから服を着て外に出ると、「嘘でしょ！　着こなしちゃう！　かなりのオシャレ上級者っすね！」と大声を上げる。嘘はおまえだ。他の客が動きを止めて僕を見る。この店員は僕のことが憎いのだろうか？　僕の先祖が、彼の先祖の洋服を馬鹿にしたなどの因縁があるのだろうか。僕は原宿が好きだが、原宿は僕のことが嫌いらしい。

ある日、久し振りに買い物をしようと、竹下通りを歩いていると黒人の店員に声を掛けられた。彼等は「ヘイ！　ブラザー」と兄弟のふりをしたり、ハイタッチを強要しチームメートのふりをするなどして執拗に店に連れ込もうとする。しかし、原宿歴が長い僕も負けてはいない。僕等が外国人を見て年齢がよく解らないように、彼等も僕達の年齢が解らないはずだ。その点を活かし僕は堂々と、「今から学校なんで……」と嘘をつき逃げることにした。幼き頃より老け顔と言われ続けて来た僕だが、「学生」と言われれば彼等の眼には学生に映るだろう。僕も原宿と対等に戦えるようになったのだ。その場を立ち去ろうと、僕は悠然と歩き出した。すると背後から、黒人の店員に、「デモ今日、日曜日ダヨー！　オ父サン！」と言われた。間違いを的確に指摘され赤面した。確かに日曜ならば学校は休みだ。そして、「オ父サン」。僕は国境を越えても若くは見えないようだ。しかし、お父さんにダボダボの服を買わすなよ。

久し振りにコンビニの店長に挨拶でもするか？　いや、違う。記憶が鮮明に甦る。僕の履歴書を見た店長の、「俺、お笑い大好きなんだよ」という圧倒的有利な言葉から始まった面接で僕は見事に落ちたのだ。以来、僕は原宿に敗北し続けている。

原宿を歩く顔。顔。顔。この街でしか見られない自意識と緊張がない交ぜになった表情達が今日も原宿と格闘している。そして、そんな若者達をどうか騙（だま）さないで欲しい。食い物にしないで欲しい。

十三 ❦ 国立競技場の熱狂

国立競技場でサッカーの試合を何度か観戦したことがある。一番最初に観た試合は、日本代表の親善試合で中田英寿選手が大活躍していた。

スタジアムは中田選手がボールを持つ度にどよめき、素晴らしいドリブルやシュートに大歓声が巻き起こった。競技場の熱気を浴びたせいか、帰宅後に走りたい衝動を抑えられず家を飛び出した。なにがしたいのか解らなかったが、とにかくなにかがしたかった。二日間走ったが、三日目に疲れて飽きてやめた。

十四 お台場の夜空

ペリーの黒船が来襲し日本に開国を迫った。脅威を感じた幕府は次の来襲に備え砲台を建設した。それが『お台場』という名の由来らしいが、それだけ切迫した状況で作られた場所が現代では家族やカップルの憩いの場になっている。作った人達は国防のために必死だったのに、楽しい場所として活用され複雑な心境だろう。

かくいう僕も、お台場に焦がれた夜があった。十年以上も前になるが友人と東京湾大華火祭を見物しに横浜まで足を運んだ。友人も僕も花火が大好きで、とても楽しみにしていた。「会場、お台場ちゃうの?」と僕が言うと、「去年も横浜で見たから」と友人は言った。しかし、横浜に着いても人が少ない。定刻になっても花火は一向に上がらない。僕が危惧した通り、花火は横浜からは上がらなかった。後から解ったのだが、メイン会場はお台場でもなく晴海だったらしい。いずれにしろ、その時の「申し訳ない」と謝る友達の顔が忘れられない。

僕は友人を励まそうと観覧車に誘い、遥か遠くの上空で小さく見える花火を指差し「ここからでも全然見えるやん！　きれいや！」と小さな無音の花火を見て感動し、大袈裟に頷いた。「遠くから見るから花火はでかいねん。近くで見るなら小さくてええねん。だから、これが正当な花火の見方やで」と苦しい説を主張した。誰も悪くない。誰も悪くないのだけど、生きていると度々このようなことが起きてしまう。

その夜、晴海で上がった花火は大砲のような爆音をお台場まで響かせただろうから砲台を作った亡霊達も、さぞ満足したことだろう。

十五 仰ぎ見る東京都庁

新宿ルミネに劇場ができてすぐの頃、僕は中学の同級生とコンビを組んでいた。新宿でネタ合わせの場所を探すのには苦労した。人目につく場所だと恥ずかしいし、住宅街だと大きな声が迷惑になるし、あまりにも地味な場所だとカップルが別れ話をしていると誤解を招くかもしれない。

そこで、劇場からは少し離れているが都庁の前にある広場をよく利用した。謎の広い空間に、謎のブロンズ像が並んでいる。その中の一つは、手の平に大切そうにハトを乗せている女性の像なのだが、頭部に本物のハトの糞が付いていた。愛するハトに真っ向から裏切られている状態だ。世界はこんなことばかりだと思った。

都庁は偉そうに僕達を見下ろしていた。二棟のビルが巨大な漫才師のようにも見えた。それは僕を圧倒して、どこにも辿り着けないような不安な気持ちにさせた。

十六 ✿ 田無タワー

僕達は一体どこに向かっていたのだろう。

「俺、変態過ぎて困ってるんです」と真剣に相談して来た後輩が運転する車の助手席に僕は座っていた。車の窓から得体の知れない大きな物体がチカチカと点滅しているのが見えた。

「あれ、なに？」と聞くと、後輩は「田無タワーです。エロいですよね」と言った。

どう解釈すればいいか解らなかった。

僕にはその田無タワーが泣いてるようにしか見えなかった。冬だった。

十七 ✿ 吉祥寺ハーモニカ横丁

真夜中。

ハモニカ横丁は収縮して、そのほかは膨張する。

ハモニカ横丁を目指し歩けども一向に辿り着けない。

しかし、次の瞬間ハモニカ横丁の呑み屋の一席に自分はいる。

隣の客があげる罵声は喧しく、荻窪を走る自転車の音は優しい。

さよなら元友達。

十八 ✿ 吉祥寺の古い木造アパート

その古いアパートの前には「防火用水」の石がいまだに残り、庭には使われなくなった井戸と錆びついたポンプがあった。無論風呂など無く、便所も水道も共同で廊下や階段はダリの絵画のように歪んでいた。一緒に内見した若い不動産屋は、「ここに若い人が住むのは無理だ」、「普通の人は住めない」などと不動産屋らしからぬことを呪いのように言っていた。

「ここにします」と僕が言うと、「え～！　マジっすか！」とはばかることなく驚き、それればかりか「いや、幽霊は出ませんけど～」と良いところはそこだけだというような言い方までした。僕は古いアパートが好きだから不動産屋がネガティブに捉えた条件が僕にとっては好ましく魅力的に思えた。

契約する時に別の不動産屋から、「あまり他の住人と関わらないように……」と意味深な忠告を受けた。そのことについては半信半疑だったのだが、引っ越した日に廊下から他の部屋を覗くと、『目指せ！　世界征服！』という貼り紙があり、なるほど確かに関わらない方が良いと納得できた。部屋にエアコンが無く、夏は蒸し風呂のように暑くなるので本が読みたい時は駅前のファミレスで過ごすことが多かったのだが、そこの常連に『プリーズ』という男がいた。なぜプリーズかというと注文する時に牛のような低音で、「コーヒープリーズ！」と言うからだ。

ある日、アパートの共同の水道で髪を洗っていると横にただならぬ気配を感じた。誰かが水道を使っている時は、一緒にならないようにタイミングをずらすという暗黙の了解があったので、この時点で既に僕の心拍数はずいぶん上がっていた。

急いでシャンプーを流し横を見ると、あのプリーズが大根をカツラ剝きしていた。正直心臓が止まるほど驚いた。プリーズが同じアパートの住人であること。そして、なぜ大根をカツラ剝きに？　あらゆる考えがまとまらずに戸惑っているとプリーズが低い声で「気持ち良いでしょ？　水は冷たいから」と普通のことを言った。恐ろしい。適当に返事をして、早急に自分の部屋へ退散しようとすると、「私は心理学の勉強をしていたことがありましてね、相手を見ると大体職業が解るんですよ……当てて良い？」と言い出した。怖かったが逃げることもできず小さく頷くと、プリーズは自信に満ちた表情で、「陶芸でしょ？」と言った。全然違う。僕が否定すると、「じゃあ、お花だ！」と言った。それも僕が否定するとプリーズは、「え～！　よく和服着てるから」と言った。心理学は全然関係無かった。仕事がオフの日に着物で過ごす趣味を持つ僕にも多少は責任があるかもしれないが。

他にも、このアパートには吉祥寺界隈に出没する妖怪達が沢山住んでいた。真夜中にクラシック音楽を爆音で聴く人。自称旅人。猫の歌を「ニャ～ニャ～」と小声で唄うブルースシンガー。読経しながら街を歩く男。もしかすると夜な夜な和服を着て歩く僕も彼等からすると変な男だったのかもしれない。

よくアパートの前を通る人間が「ここ凄くない？」と言っているのを聞いた。凄いよ。妖怪達を癒す止り木だから。

十九 ✿ 旧テレビ朝日

二十歳の頃に登録制のバイトをしていて、一度だけ生放送の音楽番組のセットを転換する仕事をしたことがある。その仕事はバイト歴が長いエース級の人達ばかりが呼ばれるのだが、欠員が出たらしく、僕は急遽呼ばれて手伝うことになった。

現場に着くと、リーダー格の男に「行けるかボウズ？」と聞かれた。ボウズ？もう二十歳なのに。その言葉に先輩達の普段とは違う異様な意気込みを感じた。それぞれの歌手に合わせたセットを十人以上の男達で押して運び、CMのあいだに入れ換える。「押せ！　押せ！　押せ！」と掛け声も掛かる。それは御輿（みこし）を担ぐ祭りを連想させた。

初めて見るタモリさんはエネルギーが凝縮された御本尊のようだった。唄い終えた相川七瀬さんがバックダンサーとハイタッチしていて眩しかった。ザ・イエロー・モンキーは『バラ色の日々』を唄っていた。

帰り道、あまりにも華やかな世界を見てしまったせいか、東京に踏み潰されたような感覚で六本木を歩いた。

『追いかけても追いかけても逃げて行く月のように指と指の間をすり抜けるバラ色の日々よ……』

という歌が頭の中で流れていた。

二十 ✿ 便所

便所に『トイレットペーパーを流し過ぎると、水がつまり多くの人が不便します』という貼り紙があった。『不便』という言葉が、『便利ではない』とも、『便ができない』とも解釈できてしまう。書いた人は、おそらく、駄洒落にするつもりなど無く、偶然そうなってしまったのだろう。

便所は不浄とも言われ、汚いものを流す所。居場所が見つからない飲み会などで、便所に行き個室で一息つくと少し楽になる。「酔っていない」と自分に言い聞かせ、顔面に力を入れて真面目な表情を作ってみたりする。そこに座っているだけで自分自身に充満したストレスを発散できるような静かな解放感がある。その姿は祈りにも似ている。

二十一 ❀ 新並木橋という入り口

僕が上京した一九九九年という時代は、まだ代官山幻想というものがあった。洋服屋や古着屋やカフェが立ち並び、テレビや雑誌でも代官山がオシャレな街の象徴として取り上げられていた。若者でごった返している渋谷や原宿とは一味違い落ち着いた雰囲気で、歩いている人達の表情にも余裕があり、戦々恐々と歩行する自分がみすぼらしく感じられるほどだった。

渋谷原宿を半日歩き回り、陽が暮れ始めると街に人が溢れて来る。その喧噪に弾かれるように街から押し出された僕は明治通りを歩く。すると絶妙な距離に、いかにも入り口面(づら)をした新並木橋がある。もう、いかにも入り口。『これを右折せよ』と目に見えぬ道標が百万本そこで叫んでいるかのような風景。坂道を上がると道の両脇にポツポツと洋服屋が出て来る。

あの頃の代官山は特異な風が吹いていて異国のような情緒があり、背筋が伸びた。幼い姉弟（きょうだい）が歩いていた。姉に手を引かれる弟は口の周りにクリームのようなものを付けていた。僕としばらく同じ方向に歩く姉弟は、僕を不審な人物を見るようにしていたので、安心させようと、口の周りになにか付いていることを指摘すると、姉の方が、「うん、ティラミス」と即答した。まず口の周りが汚れていると気づいていたことに驚いたし、なにより「ティラミス」という、オシャレなものを付けていることに驚愕した。今、自分が代官山に居ると感じる出来事だった。

新並木橋で印象深い思い出がある。二十歳になり、ほんの少しではあるが、劇場の出番を貰えるようになった。ある日、劇場の外に出るとライブを観ていた制服姿の三人組の女の子に話し掛けられた。

「又吉さんは代官山とか行くんですか?」、「行きますよ」

これだけの会話だった。その翌日、学生さんの言葉が呪いのように僕の身体に浸透し、いつの間にか僕は新並木橋を通って代官山に向かっていた。代官山に着くとなにを買うでもなく、古着屋を色々と見て回った。当時の代官山には本当に沢山の古着屋があった。一通り見て回り、そろそろ帰ろうと新並木橋に差し掛かった時、反対側の歩道を三人の女の子が上って来るのが見えた。劇場の外で声を掛けてくれた制服の三人だった。僕に呪いをかけた三人だ。

その三人は凄く楽しそうに笑っていた。そのあまりにも眩し過ぎる光景を見た途端、僕はなぜか恥に似た後ろめたさのようなものを感じ、三人に背を向ける姿勢で隠れてしまった。

それが、自分でも妙に滑稽に思えた。そして、無意識の内に自分が少し無理をして背伸びをして代官山に来ていたことが良く解った。

後日、劇場を出ると、その三人がいて、「又吉さん、このあいだ……代官山にいましたね」と言われた。見られていた。僕の背中はさぞ頼りなく曲がっていたことだろう。新並木橋を通る度に、その時のことを思い出し、感情の隅にある羞恥を自分で撫でている。平気なふりをしようとしているが、結局は照れながら生きているのだ。

最近、代官山は古着屋が減り子供服の店が異常に増えた。当時、代官山に通った世代が親になったからららしい。古着屋を探しながら歩いているのは、もう僕だけだ。

二十二 ✿ 一九九九年、立川駅北口の風景

自分の東京はどこから始まったのだろう。

十八歳の春、高校卒業と同時に上京し三鷹に住んだ。前々から計画的に東京で生活することを考えていたわけではなかった。漫才をやりたいという夢は持っていたが、明確な構想などなにも無かった。東京を活動の拠点にしようと打算できるほど賢くもなかった。しかし、なぜか僕は誘われてもいない東京にのこのこと阿呆面をさげて出て来てしまった。

家族や友人からすれば突然思い立ったように見えただろう。だが自分の中では抗い(あらが)ようのない必然的な流れがあったと感じている。決して美しいものではなく、周りに見つからないようこっそりする小便みたいに無様(ぶざま)なものだったかもしれないけれど。

高校時代は、毎年ほとんどの運動部が全国大会に出場する体育会系の男子校で過ご

した。全員がなにかしらの疾患を抱えているのではないかと疑うほど異常にテンションが高かった。夏場は皆パンツ一丁で授業を受けていたし、体育の授業で教師が「体操隊形に開け！」と号令を掛けると、生徒は校庭の端から端まで四方八方に開き、「開き過ぎや！　戻れ！」と教師が叫ぶと、今度は一斉に集まって小さくまとまり「戻り過ぎや！」という教師の言葉を待った。

サッカー部に所属していたので放課後は毎日グラウンドで肉体と精神の限界を目指し、翌日にはその更に先にある限界の突破をはかり自分を酷使した。

人間の本性は窮地に追い込まれた時にこそ発露すると高校時代の生活の中で身をもって教えられた。自分に余裕がある時は誰でも人に優しくできる。そんな時に与える優しさは快楽でさえある。しかし、自分に余裕が無い時は人のことなど構っていられない。そんな環境だったためか、普段優しい人が追い込まれて豹変し自分に牙を向けるのが恐ろしく、どうしたものかと考えた結果、最初の優しさを拒絶すれば大きく裏切られることは無いという結論に至った。

簡単に言うと、誰とも話さないことに決めたのだ。良いことと悪いことの落差に振り回されるのが嫌で、そこはかとなく漂う変化の無い寂寥の中で暮らす方が性に合っていた。

そんな僕の世界との付き合い方を邪魔して来る男がいた。わざわざ僕に干渉して来るのだ。ずっと授業中に僕を観察していたり、休み時間に話し掛けて来たりする変な奴だった。「音楽室一緒に行こう」と誘われ、「あっ、俺やることあるから後で行くわ」と逃げても、「ほんまは、寂しいくせに」と喰らいついて来る面倒臭い奴だった。

無理やり音楽室まで一緒に行くはめになり歩いていると、そいつは突然廊下を全力で走り出し、角を曲がり僕の視界から消える。僕が歩いて角を曲がると、彼は眼を開いたまま死体のようにそこに倒れていて動かない。僕が立ち止まらず無言で彼を越えて行くと、背後から死体の彼が「おい、なんか言えや」と言った。構わず歩いて行くと、後ろから追いかけて来て「なんで笑わんの？」と不思議そうに言う。「なんかやってると思ってたから」そう答えると、「お前、変人やな」と彼は言ったが、こいつには言われたくないと思った。

どちらかと言うと、彼は僕の苦手なタイプだったが知らぬ間に仲良くなっていた。

彼が僕にこだわったのは、お互いサッカー部に所属していて、家が隣町だったからだと思う。登下校時に電車で一緒になることも多かったから目についたのだろう。

ある日、僕達は学校からボロボロの自転車に二人乗りして淀川の堤防を走っていた。途中、通り雨にやられてしまい二人でケラケラ笑いながらびしょ濡れになった。逃げ込んだ東屋も屋根が無かった。雨が止むと尻が濡れるのも構わず芝生の上に並んで座った。

彼が「マッタン将来どないすんの?」と言った。僕は高校では将来芸人になりたいということを隠していた。だが、こいつになら話しても良いような気がした。河原という青春っぽい状況に誘われたのかもしれない。「アホみたいなこと言うけど笑わへん?」と聞くと、彼は真剣な表情で笑うわけないやろと言った。「俺な、芸人になりたいねん」と思いきって打ち明けた。少し緊張した。すると彼は、「マッタンなら絶対なれるよ!」と力強く言ってくれた。

嬉しかった。「お前は?」と聞くと、「絶対笑うから言いたくない」と彼は言った。僕の無謀な夢を笑わず、励ましてくれた彼の夢を僕が笑うはずがない。「絶対に笑わへんから教えてくれ」と言うと、彼は大きく息を吸い込み、濁りの無い真っ直ぐな眼で淀川を見つめ、「俺な、いつか大阪城に住みたいねん」と言った。笑った。アホやと思った。こんなアホに将来の夢を語ったことを後悔した。彼は、「笑わんて言うたやろ」と怒っていたが、苦情を言いたいのは僕の方だった。

そこからは僕が自転車をこいだ。また雨が降らない内にと急いだら僕達を追い越して行った雨雲に追いついてしまい、再びびしょ濡れになった。雨が降っている所と降っていない所の境界線を初めて見た。雨雲に追いついたことが嘘臭くて妙に笑えて蛇行運転で帰った。

秋に文化祭があった。クラスごとに喫茶店やお化け屋敷など出し物をやらなければならない。僕のクラスは教室に簡易な舞台を作り、お笑いライブをやることになった。僕は反対したのだが周りが盛り上がってしまい、あれほど「僕の夢は誰にも言わないように」と彼に念を押したのに、「ネタはマッタンが考えてくれるから大丈夫！」と大声で主張しめくばせを送って来た。彼は僕のためだと思ったのだろうけど大迷惑だった。

文化祭の本番までにネタを書かなければならなかった。舞台は三十分と短いものだったが、演出も全て任されたので大変だった。だが、実際に考え出すと楽しかった。漫才、コント、ショートコント、大勢でやるコントと沢山考えた。エンディングは爆音でザ・ブルーハーツの『リンダ リンダ』をかけて出演者全員に踊って貰おう。

そして迎えた文化祭当日、僕達のお笑いライブは予想を越える大盛況だった。だが、僕の心には大きなわだかまりが残った。全て他のクラスメートに役を託し、自分はネタ作りと演出に専念した。怖くて出られなかったのだ。

ライブのエンディングで『リンダ リンダ』が流れ、舞台上で踊り狂うクラスメート達はいかにも男子という雰囲気で眩しくて直視できなかった。それに、自分が舞台上で『リンダ リンダ』を踊ることを想像すると妙に恥ずかしかった。皆が踊ると様になるが、僕が踊るとなにか絶対的な力に「お前は違うだろ」と言われてしまうような気がした。

一年後の高校二年になった文化祭でも、味をしめたクラスメート達がお笑いライブをやりたいと言い出した。僕は毎日部活が大変だから時間が無いと断ったのだが、皆から「ネタを書いてくれるだけで良いから」と説得され、それはそれで傷つきながらも引き受けた。彼が「俺も一緒に考えたるから」と言ってくれたのが心強くもあった。だが、僕が本当に恐れていたのは皆と同じように『リンダリンダ』が踊れないことだった。

それで色々と思い詰めたのか彼と喧嘩になった。直接の原因は手伝うと言っていた彼が「とにかく屁をこく」という案しか出さなかったからだ。それに、彼が僕に相談も無くサッカー部を辞めてしまっていたことも寂しかった。だが僕にとってネタを考えることは楽しい作業だから、本当は苛々したかっただけかもしれない。

文化祭当日、僕はサッカー部の試合があったので行けなかった。一年前よりも盛り上がったらしい。『リンダリンダ』を踊る皆の姿が目に浮かんだ。

三年になると、僕と彼は喧嘩したまま別のクラスになった。彼は大学に行くため進学コースに進んだのだが、夏頃から学校で見かけなくなった。しばらくして、彼が学校を辞めるという噂が流れた。彼はアホで見栄っ張りな面があったので、学校に未練など無いと思っているふりをして、本当は苦しんでいるはずだと思った。阻止しよう。

職員室に行き、彼の担任に彼が卒業できる方法を聞くと大量の課題を渡された。すぐに彼に連絡を取り二人で会った。彼に、まだ卒業できることを伝えると、彼は「ありがとう」と言ってくれたが、彼が学校を辞めるのは経済的な理由からだった。僕の行為はお節介だったのだ。帰りの電車で恥ずかしさと悔しさで泣けてきた。それを見ていた二十代くらいの男女が「試合に負けたんちゃう？」、「いやフラれたんやて」と僕が泣いている理由に金を賭け始めた。繊細さが欠落したカップルだと思っていたら、女の方が「どうしたんですか？」と聞いて来た。嘘やろと思った。賭けを成立させるために人の心に踏み込んで来たことが怖かった。涙も一瞬でひいた。

勉強したくてもできない人が本当に存在することを知り、僕は初めて勉強というものを真面目にやった。事情を皆にも話していたのでクラスの平均点が信じられないくらい上がった。皆凄く単純でアホだった。

しばらくして、彼から「音楽をやりに東京に行く」と電話があった。彼は「東京の真ん中にある立川ってとこに住む」と言った。東京の真ん中に住むなんて凄いと思った。

冬になった。サッカー部を引退した高校三年の僕は、彼に会いに初めて東京に行った。一九九九年の一月だった。東京駅で新幹線を降り中央線で立川に向かった。立川に着いた時には午前〇時を回っていた。立川駅北口から見た風景は閑散としていて、凍てつくような空気を吸い込む度に失恋した時と同じような哀しみが心に響いた。立川が僕の初めての東京で、その時に感じた焦燥が僕の東京である。

白い息を吐きながら、東京の真ん中を歩いた。東京の真ん中にしては静かだなと不思議に思いながら。

二十三 ✿ そこにある側溝

八月の午後に一人で街を歩いていた。やたらと浴衣姿の男女とすれ違う。お祭りでもあるのだろうかと暢気に人の流れを眺めていたら、浴衣姿ではない同世代の女性が小走りで引き返して来て、僕の顔をまじまじと見つめ「ピースの人？」と言った。僕が頷くと、その女性は「オーラ無さ過ぎ!!」と大声で言いながら、僕の二の腕をペチンと叩いた。恥ずかしかった。オーラが無いと言われたことではなく、強く叩かれた腕が痛いことが恥ずかしかった。オーラが無いからといって、なぜどつくのか？　正気の沙汰ではない。その人は「頑張って」と言うと、少し先で待つ仲間のもとへ小走りで戻った。「頑張って」と言えば、人が頑張れると思うのは大間違いである。その女性の行為のせいで、僕の寿命はおそらく二年は縮んだ。

それにしても浴衣が多い。なぜだ？　街に浴衣が増えると妙な疎外感に苛まれてしまう。そう言えば数日前に誰かが「今週は花火がある」と言っていたから、それかもしれない。その会話を思い出した瞬間、ドクンと胸の底でなにかが爆(は)ぜた。僕は花火が大好きなのだ。実家にいる時は毎年花火大会に行くのが楽しみだった。地響きのような音が全身を貫き、夜空に大きく開いた花火を観た瞬間、群衆から沸き上がる歓声にもまれながら、僕は情けないほど圧倒されていた。それ以来、僕は花火の虜(とりこ)なのである。

しかし、上京してからの僕と花火の関係は決して良くなかった。まず友達がいないので情報が入って来なかった。大体、当日に花火大会が開催されることを知るのだが、一緒に行く人がいないからウジウジして結局行けずじまいになることが多かった。それでも何度か勇気を出し、独りで隅田川の花火大会などの会場に足を運んだこともある。だが、あまりの人の多さと熱気と念にやられて花火の音だけ聞いてすぐに逃げ出してしまった。なぜ怖くなるのだろう?

上京一年目の夏の宵。吉本の養成所があった赤坂から自宅の三鷹まで、僕はオンボロの原付でノロノロと走っていた。すると突然、「ドン」と爆発音が聞こえ、戦争でも始まったのかと思ったら、夜空に花火が咲いていた。青信号になったので已むなく前に進んだが、花火が気になり、右に、左に曲がったり色々としてみたが、音は聞こえるが一向に花火が見えない。二十分ほど試行錯誤してみたが全く花火の見える場所を見つけることができなかった。もう今から見つけても、この二十分は返って来ないと思うと、自分が酷く可哀想に思えて、泣きたい衝動に駆られ、家に帰ることにした。幻聴だろうか？　ずっと花火の音が聞こえる。なんとか花火の音から逃れたくて、途中で原付を止めて、ヘッドフォンを装着し音楽を爆音で聴いた。それでも、曲と曲のあいだで花火の音が聞こえるような気がした。花火の幽霊か？　すると、目の前を電車が通った。ただの電車の音だったのだ。

今日が花火の日ならば逃げなくては。あの音を聞くと、東京から仲間はずれにされたような気持ちになる。花火の音が聞こえたような気がしたが、これも、あの日の電車の音だろう。

誰かに叩かれた僕の腕に、薄い桃色の花火が咲いていた。皆は花火が観れて良いなぁ。僕の眼には側溝が映っている。

二十四 ✿ 五日市街道の朝焼け

十八歳の僕は、反語的な意味合いではなく本心で悪友と呼べる唯一の人物を頼りに一人、卒業旅行の行き先を東京に決めた。そして、上京して一時間と経たない内に退屈していた。なぜなら、折角東京の中心である立川まで来たのに悪友がコンビニでバイトをしているあいだ、バックルームで待たされることになったからだ。東京で、知らない風景を見て刺激を受けるのだと期待していたので、暢気に座って待たされるのは大きな苦痛だった。

「暇やわ」と悪友に言うと、「レジやってみる?」と思いがけない提案がなされたので、心が躍り二分後にはコンビニの制服を着てレジに立ち「いらっしゃいませ!」と声を出していた。

「もっと笑顔で大きい声で挨拶せな」と悪友に笑われ、サッカー部の試合時の要領で腹から声を出すと、「怖い！　怖い！　怒ってんのか！」と言われ、なるほどバスではなくテノールの音域かと反省し、次の客には違和を感じさせぬ挨拶をしようとのどの調子を整えた。しかし、次の客も、その次の客も僕が声を掛けると、不思議そうにこちらを見た。なにがいけないのか？　悪友は「坊主で髭ぼうぼうの店員なんて怖いねん」と笑った。

確かに、鏡に映る僕は坊主に髭で頬が痩け、指名手配犯のような顔をしていた。そうだな、次はアルトの調子で、もう少し優しく声を掛けてみよう。あきらめてはいけない、腐ってはいけない、やり方を変えて何度でも挑戦し続けるのだ。と、思いかけたが「なんで遥々遊びに来たその足で、いきなりバイトせなあかんねん」と、ようやく我に返った。危うく無償で働かされるところだった。借りていた制服を脱ぎ捨てバックルームに戻った。

悪友の他にもう一人バイトしている人がいて、その人が休憩でバックルームに入って来た。気まずいので、悪友の話題で乗り切ろうと試みたのだが、どうやら悪友は十九歳という設定になっていた。ということは、僕も十九歳と偽らなければならず、その人も十九歳であるらしく「同学年だね」と言われ「そそそやね」と下手なタメロで対応した。

あまり自分から話さない方が良いと思い、相手から悪友の話を一方的に聞いていたのだが、聞けば聞くほど笑えなくなった。「アイツってこうなんでしょ?」という話が全て、僕の話なのだ。僕の学校での立場、僕のサッカーの経歴、僕の体験したエピソード、悪友は僕の想い出を自分の身に起こった出来事として、この人に話しているらしかった。なぜだろう?

そのことを悪友に訊ねることはできなかった。それどころか悪友の虚言の信憑性を高めるため、悪友に自慢しようと持参した宝物である大阪選抜のユニフォームをあげてしまった。この嘘はバレてはいけないと思った。のほほんとしている悪友の狂気を垣間見てしまったような恐ろしさがあった。そして、彼に盗まれた僕の記憶は彼にあげてしまおうと思った。そんなものにはなんの意味も無いように思えた。

「又吉くん、アイツのこと詳しいね」と言われたが、自分のことなのだから当たり前だ。「いや、ずっと近くで見て来たから……」と答えたら、本当に自分が何者であるか解らない感覚に陥った。

朝が来て、駅から随分離れた悪友のアパートまで二人で歩いた。僕が来たことが余程嬉しいのか、悪友は走ってフェンスに激突し、倒れて空に笑い掛けたりしている。こいつも色々あるのだなと思った。

それにしても、不安になるほど茫洋と野原が広がっているが、本当にここが東京の中心なのだろうか。まさか騙したのか。「おい、立川のどこが東京の中心やねん」と悪友に問うと、悪友は「中心とは言うてない。真ん中や。地図で見たら真ん中やねん」と言った。そういうことか。ところで、俺の学生時代はお前にあげたけど、お前の学生時代の屍は東京のどこにおるんや？

五日市街道の朝焼けが眩しくて鬱陶しくて、いつまでも家には辿り着かなくて、どこまで歩かされるのだろうと不安に感じていた。

二十五 ✤ ゴミ箱とゴミ箱のあいだ

ゴミ箱とゴミ箱のあいだに、ゴミが落ちている。なぜだろう？

燃えるゴミならば「もえるゴミ」と書かれた箱に捨てればいいし、燃えないゴミならば「もえないゴミ」と書かれた箱に捨てるべきだ。あいだに落ちているということは、燃えるゴミでも燃えないゴミでもないのだろうか？　ではなんだ？「もう燃えたゴミ？」、「燃える気が無いゴミ？」、「今まさに燃えているゴミ？」、「ちょっとだけ燃えないゴミ？」、「燃え過ぎるゴミ？」、可能性はいくらでも考えられるが肉眼で捉える限り、それは簡単に燃えるティッシュのように見えた。

ということは別になにか原因があるのではないだろうか？　もしかするとこれはかの有名な、『これが入らなかったらあの娘に嫌われる』、『これが入らなかったら死ぬ』、『これが入ったら試験に合格する』、『これが入ったら好きな服を買って良いこと』などと心で強く念じながらゴミ箱に向かってゴミを投げる悪魔の儀式を行った残骸ではないか。

あの行為が悪魔の儀式たるゆえんは無論その融通性にある。仕掛ける側が圧倒的に有利なのである。なぜなら、あの儀式を行う際の国際ルールなどは定められておらず、ある程度自分がここからなら入れられると自信がある場所から投げることができたり、またたとえ最悪入らなくても、はずれた瞬間に『なおチャンスは三回までです』と心でつぶやけば、あと二回も投げることができたり、『実はここから投げれば良いのでした』と距離を自由に縮めることができたり、はずした瞬間に突如前方へ走り出し落ちたゴミをゴミ箱にダンクシュートのように叩き込み『セーフ！』と都合良くすることもできるのである。

そんな自分次第の行為において失敗した者がいたとしたら馬鹿である。ルールはいくらでも変更できるのに、それを許さず律儀に受け入れる真面目な者。このゴミ箱とゴミ箱のあいだに落ちている哀しきゴミは、そんな愚直なまでに不器用な者の正義の印なのかもしれない。

いや、しかし本当に真面目で律儀で正義感の強い者ならば、皆が使うゴミ箱とゴミ箱のあいだにゴミを捨て置くようなまねはしないはずだ。では一体なんだ？　ゴミ箱が設置される以前からそこにあったのか？　それを捨てようと試みた屈強な男達が次々と怪死するという不気味な伝説を持つゴミなのか？　はたまた幻か？

謎が謎を呼び頭が混乱する。こんなことを考え出さなければ服屋で素敵なカーディガンを買ったり、蕎麦屋で天ぷら蕎麦を食ったり、明日必要な物をカバンに詰め込んだりできたのに……。本当に不毛で無駄な時間を過ごしてしまった。僕の他にこのような被害者が生まれないためにもゴミは必ずゴミ箱に捨てよう。なるほど、このゴミはゴミの突然変異で我々人類に『ゴミはゴミ箱に捨てろ』と当たり前のことを促す警笛なのかもしれない。

それにしても汚い風景だ。

二十六 ❦ 国立の夜明け

十八歳の僕達は夜明けを迎えた。誰かが「立川と国分寺のあいだやから国立らしいで」と言い、誰かが「絶対嘘や」と言った。

立川に住む友達が「大阪に帰るから家具いらん」と言ったので、イタズラ心で、当時の相方と輪ゴム戦隊の二人と一緒に全ての家具を三鷹の僕のアパートに運んだ。

その日、立川の友達から「家に泥棒入った」と電話があったので通報される前に家に呼んだ。彼は僕の部屋に入ると自分で買い揃えた家具を見渡しながら、「なんかこの部屋落ち着くわ」と言った。後から事情を話すと、彼は「異常に落ち着くと思った」と笑い、これだけは返してくれと言って、なんの変哲も無い目覚まし時計だけを持って帰った。

II

二十七 ✿ 高円寺の風景

人情と奇妙奇天烈を標榜する高円寺という街がある。徳島の名物である阿波踊りを、『東京高円寺阿波おどり』と称し、街おこしをはかっていることからも自由奔放な気風と解る。例えば夏の夜半過ぎ。誰もいない高円寺駅前の公衆便所で用を足していると、そこに現れた汚いオッサンが他の小便器が空いているにもかかわらず、なぜか僕の背後に立った。その時の僕の恐怖は誰にも理解できまい。僕はオッサンに小便を掛けられたり刺されたりしないよう激しく左右に首を振り、「なに？　なに？　なに？」と声を出して必死に警戒した。

オッサンは、「すみません、すみません」と何度も謝るのだが、一向に僕の背後から動こうとしない。目的は一体なんだ？　僕は不快な残尿感に襲われながらも便所からなんとか逃げ出した。オッサンは「すみませ〜ん」といつまでも謝り続けていた。

例えば冬の夜明け前。酩酊した男が見知らぬパンクスの女に声を掛けた瞬間。女は殺意のこもった眼で男を睨みつけたかと思うと、突然前方に走り出し、近くに停めてあった他人の青い自転車に跳び蹴りをかますと、何事も無かったかのように歩き去った。恐ろしかった。

そんな奇妙な高円寺の一角で、僕は二十代の初めを過ごした。隣人の溜め息さえも聞こえるほど、壁が薄く古いアパートだった。テレビを見る時は、天井を睨みながら「動くな」と念じなければならない。二階の住人が部屋の中を移動するだけで映像が乱れてしまうのだ。

ある日、二階に住む中国人女性が大規模な部屋の模様替えを行い、置いてはいけない所に家具を配置したため、僕のテレビはなにも映さなくなった。僕の実家もそうだったので懐かしくもあったが、テレビが映らないことを思い出し、懐かしがっている場合ではないと我に返った。週末になると、二階の女性の部屋に恋人らしき男が来訪するのだが、夜が更けると決まって口論となった。「なんで理解してくれない？　誰も私のこと解ってくれない！」。

彼女が毎朝六時に家を出ることを知っていた僕は、「俺は解ってるで、頑張り屋さんやもんな」と階下で頷いていた。彼女もまさか、こんな近くに自分の理解者が存在するとは思いもしなかっただろう。二人の喧嘩が極度に騒がしくなった時は、立ち上がって「コンコン」と天井をノックする。すると決まって彼女が、「ほら〜」とつぶやき、ようやくアパートに静寂が訪れる。想い出のアパートは老朽化のため取り壊された。

そのアパートで一番印象に残っているのは、その中国人女性が彼氏とアパートを出て行く時に雨が降っていて、「傘が無い」と騒いだ後、僕の部屋の郵便受けに掛けてあったビニール傘をガチャガチャと強引に盗んで行ったことだ。僕は部屋にいて、一部始終の音を聞いていたが留守のふりをした。カーテンの隙間から外を見ると彼女は男が濡れないよう懸命に手を伸ばしていた。

今でも僕は高円寺に行くと、最後は必ずアパート跡地の前に立つ。すると脳髄に阿波踊りが激しく鳴り響き、瞼(まぶた)の裏にパンクスの女に蹴り倒された自分の青い自転車を寂しそうに立てる二十歳の僕が浮かび上がるのだ。

踊る阿呆に見る阿呆、同じ阿呆なら踊らにゃ損々。

二十八 ✿ 明治神宮の朝焼け

二〇〇三年の十月にピースを結成した。僕は線香花火を八月末に解散したばかりだった。一人で芸人を続けて行く自信も無く、京都で寺にでも入ろうと思った。

そんな時に、同期でピン芸人として活動していた綾部に、「二十代で坊さんになるのは早いんじゃない?」と言われ、坊さんになる妥当な年齢は解らなかったが、「そうかも」と思い京都行きは断念した。

その後、綾部とコンビを組むという話が持ち上がり、具体的に考えてみようと、まだ夜が明けていない早朝の原宿で綾部と落ち合った。当時、綾部は原宿のカラオケ屋でバイトしていたのだ。竹下通りの入り口にある吉野家で牛丼を食べて、なぜか僕達は明治神宮を参拝して、広場のベンチに並んで座った。

色々と話した結果、「試しにやってみようか」とコンビを組むことになった。理想を言えば、そこで雷鳴が轟き落ちた雷が本殿に跳ね返って龍の如く天に昇り、天命を我々が授かったと思わせてくれたり、見たことも無いような得体の知れぬ美しい鳥が「伝説の始まり」を告げるように一声鳴いたりして、気分を高揚させたい場面だったが、実際には、ちょうど僕達の周りで老人達がラジオ体操を始めたので、酷くまったりとしていた。とにかく新しい朝が来た。希望の朝が。

二十九 ✿ 勝鬨橋の憂鬱

真夏の最中に、スーツを着用し『ショールームはこちらです』と書かれた看板を掲げて立ち続けるというバイトをしたことがある。

その場所が、『勝鬨橋』だった。昼に三十分程度の休憩があったものの暑くて頭は朦朧としていた。交通量が多く、沢山の車が目の前を通った。自分以外の全ての人が楽しそうに見えた。恰好良い車が通ると、僕は「お邪魔します」とつぶやいて、意識の中で、その車の後部座席に乗り込み、「海まで行こう」と言う。すると車は猛スピードで海を目指して走り出す。少しだけ涼しくなるが、現実の僕はアスファルトの上に立ち看板を掲げている。

なにが『勝鬨橋』なのか。勝利の音なんて一向に聞こえて来ない。東京に来て以来、敗走につぐ敗走。敗走の一等賞。車道の黒い塊はすり潰された獣の死骸だった。

三十 ✿ 下落合の空

ピースを結成して一番最初の営業は下落合にある外国人留学生の専門学校だった。講堂で僕達は漫才をした。一切ウケなかった。漫才をやっている間、一番前に座っている外国人に中指を立てられ「ファッキュ」と言われ続けていた。僕は中指を立てられているのは自分ではなく、相方だと思うことにした。だが、ネタの途中で二人の距離が離れた時、その人を見たら完全に僕の方に向かって中指を立てていた。なぜだろう?

終わった後、実行委員の方に全然盛り上げられなかったことを謝った。すると、「気にしないで下さい。まだみんな来たばかりで日本語解らないですから」と言われた。えっ、なんで呼んだん? 無力感に打ちのめされたまま学校の門を出たら天気が良くて馬鹿みたいだった。言葉は通じなくても、この空は世界に繋がっている。とか、そんな前向きな発想はなに一つ思いつかなかった。

三十一 ✿ 高円寺中通り商店街

共同トイレを掃除するという条件で家賃を五千円引いて貰い、二万五千円のアパートに住んでいた。だが他人が汚した便所を掃除するのは精神的に苦しかった。折角掃除をした翌日に汚されていたりすると、これは隣人の汚物攻撃なのではないかと疑ってしまい、更に心が乱れた。

ある夜、泥酔して帰った僕はそれまでそんな習慣は一切無かったのに、なぜか一人で落語を喋り始めてしまった。普段絶対人には見せない姿だ。疲れていたのかもしれない。

すると隣りから「うるせ〜!」と怒号が響いた。誰にも求められていない落語を突然始め、大人に本気で叱られた。究極の羞恥と便所の件が混じり合い、酷く腹が立った。

数日後、遊びに来た後輩と話していると、隣りから「うるせ〜!」とまた強く壁を叩かれた。その瞬間、僕の中で蓄積された怒りが爆発した。

僕はそばにあった雑誌を手に取り「なんじゃコラ！」と叫びながら壁に向かって力いっぱい投げていた。ところが僕の怒りに反し、開いた雑誌は羽をバサバサするようにもたつき、壁にさえ届かず途中で落ちた。笑いを堪(こら)えた後輩が窓を開けて中通りを見ていた。

三十二 ✿ 巣鴨とげぬき地蔵尊

巣鴨は良い匂いのする街だ。とげぬき地蔵は延命の御利益があるらしい。

大昔、地蔵尊への信仰心が強い女性に死期が迫っていた。いよいよ枕元に死神が立った時、謎の僧侶があらわれ、杖で死神を撃退した。そのような話が伝わっているらしい。

いつか枕元に立った死神に言われたくない言葉。「もういい?」、「ここで家賃なんぼ?」、「十、九、八……」、「寝てる時、目開いてましたよ」、「すみません、まだ研修中なんでガイドブック読みながら説明させて貰います」、「一回、電気つけていい?」、「そろそろカマ行きますけど痛かったら右手上げて下さい」、「おい、寝たふりすんなよ」、「ごめん、事後報告やけどアナタ死んでます」。

三十三 世田谷公園の窒息しそうな風景

二十三歳の頃、ピースを結成した。その頃は三宿にあったファミレスでネタを作り、その後、すぐ裏にある世田谷公園に移動して実際に動いて完成させることが多かった。当時は毎週新ネタを発表するライブがあり、それとは別に新ネタを披露する漫才ライブとコントライブもあったため毎日のように深夜のファミレスに入り浸った。働いている店員も僕達のことをドリンクバーで朝まで粘る厄介者として捉えているのか、他の客に対する接客に比べて若干余裕があり、いつタメ口で喋り出してもおかしくないような雰囲気を醸し出していた。もしかしたら、ただの被害妄想かもしれないけれど。

僕は店に対する罪悪感に毎晩苛まれていたので、一人で店に入るのが恐ろしく、いつも近くの物陰に潜み相方が店に入るのを見届けるか、もしくは相方のバイクがファミレスの駐車場に停車しているのを確認してから店に入るようにしていた。

ある日、ファミレスに行くと駐車場に相方のバイクが停まっていたので安心して店に入ると相方がいない。同じ車種だったが他の人のバイクだったようだ。

しばらくすると相方が店に入って来た。店にいた客が一斉に相方を見た。ハットを被りサングラスを掛けた出で立ちは勝新太郎さんクラスのスターじゃないと成立しないような姿だった。店内の客達がざわつき「誰だろ？　絶対芸能人だよ」という雰囲気になり、僕はスターのマネージャーのような按配になった。ソファに座る相方。店中の注目が集まる。そして、相方が帽子とサングラスを取った瞬間、客の一人が「誰だよ」とつぶやいた。そらそうだ。僕達はドリンクバーで朝まで粘る厄介者に過ぎないのだ。立場をわきまえた恰好をしないと。夜中、腹が減り過ぎてどうしても甘いデザートが食べたくなった。しかし、高くて買えない。苛々して仕方ない。

その時、叫びながら店に血だらけの男が入って来た。随分酔っているようだ。「お～い、ワイン出せ！」と言って店員ともめていた。腹が立った。ただでさえ腹が減っているのに喧しい男のせいで全然ネタ作りに集中できない。思わず「人に迷惑ばかり掛けてなんの役にも立たんオッサンが……」と呪いのような言葉を僕は口走っていた。自分も同じような存在なのは棚にあげて。しばらくすると警察が店に来て酔ったオッサンはどこかに連れて行かれた。再び店に静寂が訪れた。すると店員が僕達のテーブルに来て、「御迷惑をお掛けしました」と言って僕が食べたかったデザートをサービスで出してくれた。

オッサンが無茶苦茶役に立った。その夜の僕にとってオッサンは迷惑どころか神様だった。甘みを身体にぶち込みネタ作りの効率が上がったので、世田谷公園に移動してできたネタを合わせてみた。机の上で作っているといかにも面白そうだが、実際に合わせてみると全然面白くない、ということが僕達にはよくあり、その夜もそうだった。デザートで浮かれていたのかもしれない。僕達から五十メートル離れた所でギターを弾く二人組が意味の解らない歌を唄っていた。大幅にネタを変更している内に朝が近くなった。

もう明日のライブはこれでいくしかない。そのような雰囲気が二人のあいだに流れて帰ることになり、相方が「なるがままよ」とキザなことをつぶやいたので、「こいつはなにを言っているのか」と醒めた表情で空を見つめていると、ギターを弾く二人組が奇跡的にビートルズの『レット・イット・ビー』を唄い出した。「レット・イット・ビー」も和訳すると、「なるがまま」というような意味らしい。少しロマンチックで嫌だった。今も世田谷公園に行くと息が詰まりそうになるが、たまに足が向く。

三十四 ✿ 渋谷道玄坂百軒店(ひやっけんだな)

道玄坂を上って行くと右手に、百軒店の入り口が見える。そこで何度も職務質問を受けた。「何度も職務質問を受けるんですが、なにか声を掛ける基準があるんですかね?」と警察官に相談してみたら、「そうですね、顔色が悪い、眼が充血している、眼の下にくまができている、頰が瘦けている…とかですかね」と言った。

それが本当だとすると、僕は一生職務質問されると思った。

三十五 ❦ 杉並区馬橋(まばし)公園の薄暮

八年ほど前、有明で若手のネタライブがあった。ライブ前に、僕達は階段の踊り場でネタ合わせをしていた。すると、更に上の階段から「おい！」と呼ぶ声が聞こえたので、上を見ると、知らない男が僕を見下ろし「リハ何時から？」と言った。「十分後です」と答えたが、あまり面識が無いのに、そのように横柄な態度を取るスタッフさんは珍しかったので不思議に思った。

しばらくして、階段を激しく駆け降りる音が聞こえ、先程僕にリハの時間を聞いた男と、もう一人別の男が、「すみません！　間違えました！」と謝った。その二人は後輩だった。それが、『しずる』というコンビと僕の出会いだった。僕を誰かと間違えたのが池田で、一緒に謝ったのが村上だった。

その日の僕は、黄色いTシャツに緑のパンツを履いていた。ライブが始まると、僕の他にも、黄色いTシャツに緑のパンツを履いている人がいた。この人と間違えたのだと思った。その次にライブで一緒になった時、村上がサッカー経験者であることを知り、自分の『鴉』というチームの練習に誘ってみた。村上は是非と参加を希望してくれた。その前向きな姿勢と東京の強豪校出身だという噂を聞いていたので、かなりの実力者なのだろうと思った。

練習は、無料でサッカーができる杉並区の馬橋公園になった。高円寺駅前で集まったメンバーが、近くの僕が住んでいるアパートまで呼びに来てくれた。四年も先輩の男が、風呂無しで窓も冷房も無いアパートに住んでいることを知ったら、夢が無くなるかなと思い、アパートの下に降り、隣の和菓子屋の前で皆を待った。

馬橋公園に着くと、村上と二人でボールを蹴った。お互いなにも知らなかったのでパスを交換しながら色々な話をした。年齢は僕と同じだった。本が好きで、特に村上春樹が好きだと言った。僕も村上春樹が好きだった。村上春樹の作品について語り合い少し盛り上がった。仲良くなれそうな気がした。

学生時代の背番号の話になり、僕が『14』番だったと言うと、「えっ！　僕も14番ですよ！」と村上が興奮しながら言った。僕は、かつて14番を背負い活躍したオランダの名選手ヨハン・クライフの名前を出した。

すると村上が、「クライフも良いんですけど、僕の14番は他に理由があるんです」と言った。それはなにかと訊ねると、「三杉淳です」とはっきりと答えた。三杉淳とは漫画『キャプテン翼』に出て来る登場人物で心臓病さえ無ければ日本一になっていたと言われる選手だ。

彼はふざけているわけではない。『キャプテン翼』の読者の中には、三杉ファンは確かに沢山いる。僕が引っ掛かったことは別にあった。村上の名前は『村上純』。字こそ違えど、発音すると『じゅん』なのだ。好きな作家は『村上春樹』で、好きな14番は『三杉淳』。『村上』と『じゅん』。こいつは自分のことが好きなだけではないのか？　なにか試す方法はないか？「村上、好きな俳優おる？」僕は試しに聞いてみた。

「はい、いますよ。ムラジュンとか恰好良いっすよね」と言った。ムラジュンとは、俳優の村上淳さんの略だ。そこで、ようやく僕は確信を持って、「お前自分のこと好きなだけやないか！」と言うことができた。気を遣わずに本音を吐けた瞬間だった。

馬橋公園は日が暮れかかっていて、子供達は帰り支度を始めていた。広く空いたグラウンドで僕達は暗くなってもボールを蹴り続けていた。

三十六 ❦ 堀之内妙法寺の雨降る夜

その劇団は年に一度だけ僕の村を訪れる。

前から二列目の席に座る僕は今から始まる公演への期待で自分の所作が早くなっているのに気づいていたが、不必要に大きいリュックの置き場所を膝の上にするか座席の下に押し込むか迷い忙しく動く姿は、大変無様だった。

舞台上、幕の前では神主と巫女が電気ギターを爆音で掻き鳴らしていた。公演前のいつもと同じ光景だ。

そのギターに合わせて恰幅の良い男が手にマイクを持ち登場した。開演を告げる音を叫ぶ男だ。世界中の映画館や劇場で繰り返し使われる、誰でも一度は聞いたことがあるだろう、あの「ブー」という音を叫ぶ張本人だ。代々この男の家系は鉄のように硬い特異なのどを響かせ始まりの音を叫び続けて来た。大昔のオリンピックや世界大戦の開戦を叫ばされたこともあったらしい。そんな男の叫びで舞台が始まった。

しかし、開演と同時に僕の前に座る提灯（ちょうちん）みたいな顔をした女性客が右隣りに座る客にペラペラとなにかを話し始めた。信じられなかった。

一年に一度しか村に来てくれない劇団の公演中になぜ喋るのか？　なんの権限があって喋るのか？　僕は提灯の個人的見解などに興味は無いのだ。提灯の周りの客は皆一様に顔をしかめているが、提灯は全く気づかず一人で喋り続けている。このまま提灯の御託が続くと思うと憂鬱になった。全然舞台に集中できない。席を替えて貰おうかとも思った。僕は団員達が馬鹿な提灯に対して腹を立て村に来てくれなくならないか不安になった。よりによって提灯は一列目に座っているから舞台上からでも気になり邪魔に思うはずだ。

おまけに提灯はペラペラと喋るものだから、どんどん膨張して舞台の下手（しもて）半分を覆い尽くすほどまでになっていた。ほとんどの観客が提灯のせいで舞台が見られずにいる。誰もが提灯を鬱陶しく思い、苦情を叫ぼうと思った矢先だった。ぶくぶくと醜く膨張した提灯の前に小型の扇風機を持った劇団の団長である老人が立っていた。団長の持つ扇風機から風が吹いた次の瞬間、提灯が爆ぜた。粉々になって消えた。観客から拍手と歓声が巻き起こり、僕の眼には提灯が着ていた白い服の切れ端が被さっていた。それを首を振って落とし、眼を開けると自分が傘の中にいたことを思い出した。

先程、突然降り出した雨に狼狽していると異様に背が高い帽子の男に黒い傘を差し出された。それを開くと内側に無数の鮮やかな絵が描かれていた。それは、公演中にペラペラと喋る提灯みたいな女が小型扇風機の風で粉々になるという物語になっていた。傘を叩く雨で絵が揺れる。それが作用して動画のように見えた。奇妙な傘だと思った。そこで我に返る。真夜中の妙法寺は暗闇がスクリーンとなり、様々な奇怪な風景を見せてくれる。再び歩き出すと世界が変わる。傘は、劇団が公演中は静かにと促すため、子供達に配った傘だったようだ。間もなく劇団の舞台が始まる。真夜中の妙法寺で。

三十七 ❦ 幡ヶ谷のサッカーグラウンド

高校までサッカーをやっていた。ボールを蹴らない日などは一日も無かった。卒業後は芸人になるため東京に出た。芸人になるわけだから今までの自分とは決別しなければならない。愛用していたスパイクもボールも実家に置いて来た。二度とボールは蹴るまいと心に誓った。

吉本の養成所に入った。先輩にサッカー経験者であるかを聞かれた。十年やっていたことを伝えた。試合があるから来るように言われた。二週間と経たない内に実家からスパイクとボールを取り寄せた。心の誓いをすぐに破ってしまった。サッカーグラウンドは幡ヶ谷にあった。芸人だけで構成されているチームに入れて貰った。とは言うものの僕は高校まで強豪校でプレーしていた。プロの二軍や大学生とばかり練習試合をやっていた。草サッカーで本気を出すわけにはいかない。その場の皆が楽しくなるサッカーをするよう心に誓った。

試合が始まった。予想に反しレベルが無茶苦茶高かった。ブラジル帰りの日系三世のような雰囲気の髭のおじさんが同じチームにいて特に凄かった。それが先輩芸人であるペナルティのワッキーさんだった。他にも、一発でゴールに繋がるパスを出したり自らドリブルで相手を切り裂きシュートまで持って行くディフェンダーがいた。それがペナルティのヒデさんだった。また、七三分けに眼鏡にスーツという会社員のような出で立ちでグラウンドに登場したゴールキーパーがスーパーセーブを連発していた。それが先輩芸人であるカリカの林さんだった。

気づいたら僕は先輩のプレーに触発され全力で走りスライディングで相手を削りレフリーに反則を取られ相手チームと少し揉めてさえいた。またもや簡単に心の誓いを破ってしまった。皆が楽しいサッカーどころかチームメートの先輩方でさえ若干ひいていた。

それ以来、毎週幡ヶ谷でサッカーをやるのが習慣となった。何年か経つと先輩達は皆忙しくなり参加人数が少なくなった。それでもしばらくは続けていたが、いつの間にかチームは消滅してしまった。それ以降は芸人全体のチームは無くなり、細分化された複数のチームが存在し、それ等がたまに集まりボールを蹴っている。誰しもが年をとり体力が著しく低下して昔のように動くことはできなくなっていた。だが先輩のトリオ、Bコースのハブさんだけは唯一の例外である。僕が十九歳の頃に初めて一緒にサッカーをして以来、十年以上経つが、ハブさんだけは昔よりも速く、強く、上手くなり続けている。

二十代の後半に入ってからはムキになり過ぎず、草サッカーを純粋に楽しめるようになった。その頃に、知らないチームと対戦する機会があった。相手は学生のチームだった。「どのようなチームなんですか?」と相手の代表に聞かれたが、なんとなく会社の集まりだと答えた。僕達は悪ふざけで「課長パス!」とか「係長スペース!」などと指示を出し合っていた。本当に会社の集まりだったらそんな風には呼ばないだろう。相手も半信半疑の表情だったが、そこに遅れて七三分けで眼鏡にスーツの林さんがやって来た。僕達だけでなく相手チームさえも「部長が来た!」とざわついていた。信じられないくらいの説得力だった。その試合はハッスルした部長の好セーブにより僕のチームが勝ったことは言うまでもない。

その後、カリカさんは解散して林さんは芸人をお辞めになられた。Bコースさんも解散して、ハブさんは現在ピン芸人として活動されている。今でも、幡ヶ谷で一緒にボールを蹴っていた先輩方に劇場で会うと、必ずサッカーの話をするのは十代の頃から変わっていない。

三十八 ❀ 東京のどこかの室外機

「室外機を置ける場所が無いので、エアコンは設置できませんね」

二〇〇九年に近所のリサイクルショップの店員から言われた言葉である。

臨時収入が入ったので、夏を生きたまま越すためにエアコンを買おうと思ったのだが、そもそも僕が住む築六十年強のアパートはエアコンを付けることが想定されていなかった。建物が乱立したため風が抜けにくくなった現代の都市部ではエアコン無しの生活は厳しい。扇風機など、温かい空気が前髪を揺らすだけで、なんの役にも立ちはしない。

眠るためには、全裸になり、冷却シートで全身を拭き、その効力で身体がスースーしている十分ほどのあいだに眠らなければならない。起きたら全身から汗が吹き出していて恐ろしくなることもあった。

打開策として、窓に設置するタイプの冷房器具が落ちていたので、それを貰い受けて持ち帰ったこともある。それなら室外機はいらない。だが古いアパートの窓では木枠が脆弱なため、やはり設置できず、とはいえ頂戴したものをすぐに捨てるわけにもいかず部屋に置いたままにしていた。

ある夜、暑さに耐えられなくなった僕は、その冷房器具のコードを線に繋ぎ電源を入れた。冷たい風が、通風口を覗き込む僕の顔に吹いた。これなら眠れる。なぜ、最初から僕はこうしなかったのだろう？　今まで悪夢を見ていたような馬鹿馬鹿しさと解放感に包まれながら眠りについた。

しかし、数分後。信じられないほどの暑さで目が覚めた。その窓にはめるタイプの冷房器具は室外機が無いので、そのまま本体から温風を排出する。その臭い温風が部屋に充満してしまったのだ。息ができない。慌てて窓を開けたが、もうどうにもならなかった。

部屋の外に脱出したら夜風が気持ち良かった。なんのための部屋なんだろう。そんな夜は、街を歩いていても、やけに室外機が目につく。こんなにも室外機があることに驚く。室外機と同じ数だけエアコンがあるのだ。涼しい部屋で眠る人がいるのだ。室外機の個数は、そのまま僕の敗北の数でもあった。

人知れず室外機に劣等感を抱いていた、そんな時期のことである。後輩であるミルククラウンのジェントルと真夜中の住宅街を歩きながら、「ロシアンモンキー面白い！好きや」と、一年後輩のロシアンモンキーというコンビについて熱弁してたら、近くのマンションの窓がガラッと開いて、「うるせぇ！　ロシアンモンキーって誰だよ！」と怒鳴られた。素直に謝った。本当に申し訳ないと思った。

深夜に、謎のロシアンモンキーという猿の話題で眠りを妨げられたら確かに腹が立つだろう。そのマンションには部屋と同じ数だけの室外機があった。エアコンがあればすぐに眠れるだろう。夢の中でロシアの猿が暴れまわったりするのだろうか。

三十九　駒場の日本近代文学館

ある明け方、盆栽に水を呑まそうとベランダに出た刹那流星と衝突した。流星は「チッ」と舌打ちをし僕には苛立ちを表明したが、盆栽には「やぁ」と笑顔で言い、まだ明けぬ空へと飛翔した。少々腹が立ったので、「おい！」と呼ぶと流星は一応振り返りはしたが猛スピードで流れて行く最中だったため、一部がもげながらも止まることは無く明け方の空へ消えて行った。

僕はいつまでも流星の行方を目で追った。明日直接苦情を言いに行くためだ。大きな塊と千切れた小さな塊。落ちた場所の目星をつけて部屋に入りハーモニカがあるか探した。「流星はハーモニカを盗む……」となにかの本で読んだことがあったからだ。ハーモニカはどこにも無かった。盗まれたか？　いや僕は初めからハーモニカなど持っていなかった。そのことに気づくまでに吉田拓郎のベストアルバム『ＯＮＬＹ　ＹＯＵ』

が二周流れていた。

存在しないハーモニカを探す作業で疲れてしまったので飲み物でも買おうと外に出た。すると路傍に倒れている男がいた。近づいてみると、その男も流星に衝突された被害者だった。男は流星に復讐がしたいと言うので、僕は懐に忍ばせておいたピストルを男に貸してあげた。

翌日、流星の大きな塊が落ちた辺りを散策すると駒場公園があり、その中に「日本近代文学館」という建物があった。建物を見た瞬間、流星はここに居ると確信めいたものを感じた。文学館に入ると様々な作家や詩人の原稿が展示されていた。その中に流星はあった。題に『流星と格闘した話』とあったのでこれに違いない。作者名は稲垣足穂（たるほ）とあった。とても古い原稿だった。「オペラがはて　帰り途　自分の自動車が街角を廻る利那流星と衝突した!……」。

やはり、これだと思った。男と流星は取っ組み合いの喧嘩になり、男は頭をぶつけて気絶する。男は家に帰って、ピストルに銃弾を込め屋根に上り流星を撃つ、そのような話だった。昨日の男は僕が貸したピストルを流星に向けて撃ったのだと解った。

流星の横には稲垣足穂が雑誌の編集長宛に送った手紙も展示されてあった。自分の作品を雑誌に掲載して欲しいと過去に催促したことへの謝罪と次回は掲載して貰えるよう努力するというような内容だった。作家として名を上げたいという覇気が自筆の原稿から溢れ出していた。だが、この原稿は雑誌には採用されなかったらしい。『流星と格闘した話』全文をノートにメモし終えた頃、係員に閉館の時間だと告げられ文学館を後にした。

夕暮れの中、下北沢まで歩いた。途中、北沢一丁目の住宅街で貸本屋と古本屋が向かい合っていた。まさかと思いながら古本屋に入り本棚の背表紙を追っていると稲垣足穂の『一千一秒物語』があった。本の神様はいる。そして流星の小さい方の塊が落ちたのはここだとその時に解った。『流星と格闘した話』は、後に『一千一秒物語』に収められ世に出た。家に帰るとなにか焦げついた臭いがしたので流星の欠片(かけら)でも踏んだかと思い靴の裏を確認すると犬の糞を引きずっていた。

四十 ✿ 三宿の住宅街

二十歳の頃から、先輩である烏龍パークの橋本さんには随分と御世話になっている。橋本さんは非常に謎が多い。どのタイミングで電話をしても相当高い確率で「シャワー浴びてた」と言う。その全ての言葉を信じるならば、おそらく橋本さんは一日十五時間はシャワーを浴びている。普段は冷静で思慮深いのだが、デパートに飾ってある鎧（よろい）を見て、「坂本龍馬もこんなん着けてたと思うと感慨深いなぁ」と一人で感心したりする。もちろん時代的に龍馬は鎧など着けてはいない。とにかくなにを考えているのか解らない不思議な人だ。

今はもうあきらめたが、まだ僕が将来は庭付きの立派な日本家屋に住みたいという大きな野望を抱いていた二十代前半の頃、よく橋本さんと三宿界隈を歩いた。

ある夜、橋本さんが住宅街で急に立ち止まり、「いつか、こんな家に住みたいわ〜」

とつぶやいた。やはり橋本さんも僕と同じように大きな野望を抱いているのだと思うと嬉しくなった。しかし、橋本さんの視線の先を確認すると立派な日本家屋でも高級マンションでもなく、ただの「ハイツ」がそこにあった。憧れの先輩にはもっと大きな夢を持って欲しいと思った。

当時、橋本さんが住む三宿のアパートに僕もよく行っていた。橋本さんのアパートの玄関の扉には西洋の豪邸によくあるライオンが輪をくわえていて、その輪で扉を叩き来訪を告げる例のあれが付いていた。

僕はアパートの扉に百獣の王ライオンという違和感が凄く好きだった。一度試しに橋本さんの家を訪ねた時、ライオンの輪で「トントン」と扉を叩いてみた。するとなにも聞かずとも勘が鋭い橋本さんは、「なに先輩の家、面白がってんねん?」とドアを開けると同時に注意してくれた。

同じように、僕が橋本さんに対してしてしまった失敗は数えきれないほどある。どのような会話の流れだったのか、コーデュロイパンツのベージュはダサいという話を僕が熱っぽく語っていた。なんの根拠も無い出鱈目(でたらめ)な僕の話を橋本さんは優しく聞いてくれていた。そしてその後、二人で橋本さんの家に行ったのだが、いつもと橋本さんの座る場所が違う。なぜか橋本さんが洋服を収納した棚の前に座っている。数時間が経過して橋本さんがトイレに立った時、ハッとした。橋本さんの背後にベージュのコーデュロイパンツがあったのだ。

僕はなにも気づいてないふりをしてトイレの橋本さんに、「やっぱりベージュのコーデュロイパンツって一本あれば便利ですよね」と言うとドアの向こうから、「バイトでな……ベージュのパンツ必要やってん……ほんまやで」と聞こえて来た。エコーのかかった橋本さんの声は、とても優しかった。僕は素直に「すみません」と謝罪した。

そして、しばらくして橋本さんの家を出たのだが鍵を忘れてしまいすぐに戻りライオンを叩くが反応が無い。もしや？　と思いドアに耳を近づけると「シャ〜」とシャワーの音が響いていた。またシャワー。しばらくライオンを見つめて豪邸を想像しながら橋本さんがシャワーを浴び終えるのを待った。

四十一 ✿ 豊島園

ある年の夏。連日、豊島園の屋外に設営された舞台に立った。芸人の誰かが株主優待券を持っていて、みんなでゴーカートに乗ろうという話になった。僕は初めての経験で凄く運転が下手なため仲間はおろか無関係なギャラリーからも笑われていた。際限なく回り続けるハンドルを、普通の状態に戻せず、僕のカートは同じ場所で永遠に回り続けていた。そこで時間切れ。楽しみ方が全然解らなかった。

僕がカートから降りると、順番待ちをしていた次の人達がカートに乗る。僕が乗っていたカートには若い女性が乗り込んだ。そして始まりの合図が鳴った。一斉に走り始めたカートの中で、僕が乗っていたカートだけが、その場でクルクルと回転し女性は「キャー」と叫び続けていた。僕がハンドルを回し過ぎたまま降りたからだった。

なるほど、ようやくカートの楽しみ方が解った。豊島園は妙に心地好い遊園地だ。

四十二 ✿ 荻窪のスーパー銭湯から見た風景

風呂の無いアパートに住んでいた時期が長かったので、日常的に銭湯に通っていた。普段は平凡な街の銭湯に通っていた。吉祥寺の弁天湯、鶴の湯、よろづ湯。どれも風情のある老舗の銭湯でお気に入りだった。時々、近所に住んでいた後輩芸人のジューシーズ児玉、パンサー向井達と一緒に、家から離れたスーパー銭湯に遠征することもあった。

二人のことを簡単に説明すると、僕よりも四年後輩の児玉という男は情緒不安定な面があり、マイペースで摑み所が無く、精神年齢が小学四年生の男子のようである。例えば、ある寒い冬の日に僕達はバイクで移動していたため身体は凍えるように冷えきっていた。とりあえず、近くの店でココアを飲んで温まろうという僕の提案に対して、「良いですね～、それ最高」と言っていたにもかかわらず、レジで突然「ぶどう「スカッシュ」と冷たい飲み物を頼んだりする。厄介な男だ。

六年後輩の向井は、一見すると爽やかな好青年という印象だが、内面は自意識と格闘する高校二年生の男子のようである。とにかくラジオが異常に好きで、散らかった部屋の中央にピカピカに磨かれた大きなラジオを御本尊のように置き、それを真夜中に一人聴いて薄笑いを浮かべているらしい。僕が友達を選ぶ上で大きな条件となる気持ち悪さをしっかりと有している。

その日は、荻窪のスーパー銭湯に三人で行くことになった。昼間は学生や買い物をする主婦で賑わう駅前も夜になると表情を変え、姿は見えないがどこかからフォークギターに合わせて咆哮する声が聞こえていた。

スーパー銭湯に着くと児玉は異常にはしゃぐ。林間学校にやって来た小学生みたいだ。裸になって荷物をロッカーに詰め込むのも速い。一刻も早く風呂に入りたいのだろう。そして、僕と会話しながら服を脱いでいる後輩の向井に「早くしろよ!」と言って急かしている。いつも着替えるのは僕が一番遅い。成人して随分経つのだがいまだに裸になるのが少し恥ずかしいのだ。僕の精神年齢は何歳なのだろう。文句を言いながらも、児玉は先に行ったりせず、僕達が着替えるのをちゃんと待っている。

そして、三人で風呂に向かうのだが児玉は興奮状態が最高潮に達していて、突然「わあ〜！」と叫びながら向井の尻を強く蹴った。その瞬間、「ペチン！」と大きな音が響いた。向井は、笑いながら「やめて下さいよ！」と言っている。僕は、嫌な予感がしたので目立たないように静かに早足で二人を追い越そうとしたのだが、目ざとく児玉はそれを見つけ、「おめぇもだぞ！」と言って、僕の尻を蹴りあげた。

「おめぇもだぞ！」の意味が全く解らなかった。お互い大人同士なのに興奮して尻を蹴りあげるというのは一体どのような精神作用なのだろうか。その後、しばらく三人で笑い続けたがなにが面白かったのだろう？

尻を露天風呂の湯で温めながら眺める荻窪の風景は、絶景とは言い難いが現実的で心に残った。

四十三 ❦ 羽田空港の風景

僕が憂鬱な時、優しい友人が「どう飛行機が飛ぶか解る?」と言った。面倒臭かったので黙っていると、友人は「追い風じゃ飛べない、飛行機は向かい風じゃないと飛べないんだ」と言った。黙れ。言いたいことは解るが僕は飛行機じゃない。

先日、羽田空港から飛行機に乗った。搭乗する前には荷物検査があり、金属探知機の恐ろしいゲートをくぐらなければならない。十代の頃、あのゲートに何度も引っ掛かり遠距離恋愛の別れを台無しにして以来、あのゲートが悪魔に見える。そこを抜けると、後は飛行機に乗り込むだけなのだが、係の男性が僕の荷物の飲み物が半分残ったペットボトルを手に持ち、「中の成分を調べさせて貰います」と言った。そんなことができるとは最近の機械は凄いと感心したのだが、すぐに男性は僕の所へ戻り、「ちょっと解らなかったので匂いを嗅いで良いですか?」と言った。「解らんかったんかい。ほんで匂い嗅ぐって、知らんオッサンに嗅がれたペットボトルの飲み物なんて誰が飲みたいねん」と僕は思ったが男性も仕事なのだ。

しかし、男性にペットボトルの匂いを嗅がしたとしても、「ちょっと解らなかったので、一口飲んで良いですか？」と言われるかもしれない。一口飲ましたとしても、「美味しかったので、もう一口飲んで良いですか？」と迫られるかもしれない。更にもう一口飲ますと、「美味しいけど、やはり成分が解らないので今晩泊まりに行って色々と話を聞かせて貰えますか？」と言われるかも。一緒に泊まっても、「まだアナタのことがよく解らないので、もう少し時間貰えますか？」と言われ、時間を与え共に朝を迎えても、「味噌汁を作ったんだけど味の好みが解らなかったんで味見して貰えるかな？」と言われるだろう。美味しいと答えても、「良かった、あとカーテンが遮光じゃないから今日買って来ちゃおうと思うんだけど、何色が良いか解らないから一緒に行かない？」と誘われるだろう。

こうして、僕とオッサンの長く濃密な生活が始まる。僕等は数度の大喧嘩と仲直りを経て信頼関係の強度を固め、いつしか互いの愛が自己を融解し、二人は一つとなった定めとして大切な相手を見失う。そして、運悪くオッサンは大阪に転勤。遠距離になると互いに寂しさから、「他のオッサンと遊んでるんじゃないか?」と疑心暗鬼に囚われる。羽田のゲートは猜疑心に反応しピッピッと音を鳴らす。やがて二人は別々の人生へ。

羽田伊丹間六十五分。飛行機は時を圧縮せんばかりに速い。だが八万七千六百時間前のアナタのもとには連れて行ってくれない。僕は座席にもたれる。機体が滑走路を加速する。エンジンは爆発音が連続するように叫んでいる。なるほど飛行機は強烈な向かい風に叫びながら突進するから飛べるのだ。思い描いていた場所と辿り着く場所がたとえ違っても、素晴らしければ良いじゃないか。

あらゆる思念が集まり、それぞれの場所へと出発する。そんな羽田の風景は尊い。

四十四 ❦ 高田馬場の夜

室内犬ではないので尻尾はふれません。
致命傷になりかねない部分を噛みかねない雰囲気でいます。
吠えかねない二秒前のような眼で八秒前からいます。
高田馬場を高速でスキップしながら。

四十五 ✤ 根津権現の影

尾崎放哉(ほうさい)は根津神社で句会を開いていたらしい。

会社員としての挫折や失恋を経て、東京を離れ自分の場所を探し求める旅に出た。その果てで熟成させた孤独と哀愁を詠んだ自由律俳句は僕に突き刺さり内部で爆発した。晩年に詠んだ数々の名句は東京との隔絶の色が濃い。そんな俗世間と離れた場所から放たれた言葉が、なぜか僕には東京への恋文に思えてならない。

自分をなくしてしまつて探して居る　　尾崎放哉

四十六 ✿ 夜の歌舞伎町

新宿歌舞伎町は恐ろしい。上京して間もない頃、身の程知らずの僕は歌舞伎町のカラオケ屋でバイトをしようと面接を受け見事に玉砕。女性店長の表情から完全に不採用だと確信し絶望している最中に、「この街危ないから気をつけて帰りなよ」とドラマのようなセリフまで吐かれ正に泣き面に蜂。暗鬱な気分をぶら下げ外に出ると、段ボールの上で眠る老人が「ペー」と放屁した。その軟弱で乾いた音は僕の心になんの感慨ももたらさなかった。なんでも良いからメッセージが、意味が欲しかった。その無情な音が僕の人生を象徴するBGMのようで切なかったのだ。

以来、僕は歌舞伎町が怖くなりプライベートでは断固として避ける傾向にあったのだが、まだ仕事のほとんどが劇場の出番しか無かった頃に後輩芸人と夜の歌舞伎町を歩かなくてはならない状況に陥ってしまった。その後輩芸人とは、グランジというトリオの五明といい、身長百八十九センチの巨漢である。僕達は人生について大真面目に語り合い、一緒に歌舞伎町で飯でも食おうとなったのだ。その状況で「歌舞伎町は怖いからちょっと」などと言おうものなら一瞬で僕の威厳は消滅し誰も僕に相談などしなくなるだろう。二人で歌舞伎町を歩いているとキャッチの男達はこぞって小柄な僕の方に声を掛ける。その度に僕達の会話は遮断され五明が苛々した口調で「結構です」とあしらった。巨漢の五明は僕ほど暴力を恐れてはいないのだ。

そんな後輩の前で怯えている顔もできず、僕は五明に接している右側の顔で必死に威厳を保ち、左側の顔で歌舞伎町に謝り続けた。幾度か同じことを繰り返す内に僕達の会話は佳境に入った。その一番大事なところで、間が悪くキャッチの男が再び近づいて来たかと思うと僕達に軽薄で卑猥な言葉を乱暴に浴びせて来た。

危ない。五明がキレる。僕は危険を察知し、「結構です」と先手を打った。そこで男が引き下がれば良かったのだが、あろうことか男は僕の顔を覗き込み、「あれっ？芸人だよね？」と言った。僕を知っているとは珍しいなどと喜んでいる場合ではない。五明が瞬時に殺気立った。それにも気づかず男は続けて、「いつもテレビで観てるよ」

と言った。

その瞬間、怒りが沸点に達した五明が、「この人いつもテレビ出てね～よ!!」と叫んだ。五明に悪意は無い。僕をかばおうとしてくれたのだ。ただ、そのかばおうとして放った言葉が相手の攻撃を遥かに上回るダメージを僕に与えた。

「ペー」

幻聴だろうか？　あの時の音が聞こえたような気がした。その後、僕達は全く味がしないラーメンを食らった。一口目を啜(すす)った時に五明が、「さっき、すみませんでした」と静かに謝った。

十代の頃、恥辱にまみれながら歌舞伎町から逃げ出した僕は独りぼっちだった。しかし、どうだ歌舞伎町？　非常に危うい関係ではあるが、たまに背後から刀で斬りつけて来ることもあるが、それでも今の僕には仲間がいる。この街の風景は際限なく冷酷だが、時折とても温かい。

四十七　武蔵小山の商店街

表に『鳥』、裏に『鳥カゴ』の絵を紙に描き、棒を付けてクルクル回転させると、残像で『鳥カゴの中にいる鳥』の絵に見えるという遊びを子供の頃にやった。それと似たようなことが武蔵小山の商店街であった。

商店街を歩いていると前から、内田裕也さんが歩いて来たのだ。しかし冷静になりよく見ると『杖をついた髪の薄い老人』と『金髪ロン毛の若者』が並んで歩いているだけだった。武蔵小山の商店街には下町の風情が色濃く残っている。そこを行き交う人と人を組み合わせると世界中のスターに会えるかもしれない。

四十八 ✤ 四ツ谷駅の黄昏

四ツ谷の駅前にタクシー乗り場と隣接した公衆便所がある。

僕が便所に向かうと先頭で待機していたタクシーの後部座席が開いた。運転手さんに乗車すると思われている。申し訳なく思い、危うく乗ってしまうところだった。でも乗らなかった。どこにも行く所なんて無いからだ。でも乗らなかったおかげで思いがけない光景を目にすることができた。便所から出て来た会社員風の男性が口に携帯電話をくわえ濡れた手をハンカチで拭いていたのだ。我が目を疑った。

僕は口に切符をくわえている人でさえ「ちょっと恰好良いと思ってやってんちゃうんか?」と疑ってしまう。でも携帯をくわえる姿は不恰好で馬鹿丸出しだった。そして、あろうことか「ブゥー、ブゥー」と携帯が振動し始めた。口にくわえた携帯が青色に点滅している姿は、まるで会社員風ロボットだった。男性は口から携帯を取りハンカチで簡単に拭くと電話に出て「途中でごめんね……」と言った。なるほど電話の途中だったのか、と納得しようと思ったが全くできなかった。

二十歳の時に初めて深夜のレギュラー番組をいただいた時、四ツ谷駅から麴町の日本テレビまでよく歩いた。番組に出演できることは本当に嬉しかった。しかし、初めての経験だったので、凄く緊張して毎回収録に行くのが怖かった。だから、いつも僕は可能な限り、麴町に続く四ツ谷の道をゆっくりとゆっくりと歩いた。

四十九 ✿ 秋の夜の仙川

後輩のジューシーズ児玉と毎日のように遊んでいた時期がある。お金が全く無かった僕達は散歩したり、公園で話したり、銭湯に行ったりと平成の世とは思えないような日常を送っていた。

ある日、僕が通行人の魂を相手に気づかれないように「ズゥ〜」と吸う遊びを考案した。二人で街を歩き、すれ違いざまに吸ったり、ベンチに座って吸ったりしていた。最初、児玉は「気持ち悪いですよ」と言って、積極的には魂を吸わなかったが、道行く人の魂を吸う先輩を横で眺めるのが退屈過ぎたのか、徐々に興味を持ち始めた。

実際に吸い始めると児玉はかなりの才能を見せた。子供や老人の魂は吸わないという姿勢にも好感が持てたし、突然腹を押さえてえずくと「変な奴の魂吸っちゃいました」と深刻な表情を浮かべたりした。たまに児玉の真剣な眼差しを見ていると、考案者である僕でも怖くなることがあった。

あくまでも僕達が勝手に「魂を吸っている」と思っているだけなので、本当に魂を吸えてるかどうかは定かではない。それもあって、相手には僕達がなにをしているのか解らないというのが、この遊びの素晴らしいところだった。だが、児玉はその利点に溺れてしまい、とんでもないミスを犯したことがあった。「相手には魂を吸ってることはバレていない」という理屈だけが頭にあるため、若い女性と完全に眼が合っている状況で、口をすぼめて「ズゥ～！」と全力で魂を吸ってしまったのだ。確かに、相手は自分の魂が吸われたとは微塵も思わないだろう。しかし、若い男が至近距離で、なんか変な顔をして大きく息を吸い込んでいるのは見れば気持ち悪いと思うのは当然だ。相手の若い女性から露骨に嫌な顔をされていた。

一方、僕は相手に気づかれることなくスタイリッシュに魂を吸い続けた。相手を見ずに正面を向いたまま、視界の隅にターゲットを捉え、口だけを横にずらして「ジュッ」と一瞬で魂を吸うという秘技も持っていた。そんな技も児玉になら教えることは惜しくなかった。

ある日、いつものように吉祥寺を歩いていた僕達は適当に魂を吸ったりしていたのだが、通りすがりの人達の魂を立て続けに二つ吸ったら勢いがついてしまい、そのまま遊び心で隣にいた児玉の魂を吸ってみたら、児玉が「やめろよ!!」と真剣な表情で激昂した。「なんで俺の魂吸うんだよ!」と児玉の声が辺りに響き、何人かが振り返った。

「なんで俺の魂吸うんだよ?」道行く人の頭に大きな疑問符が浮かんでいた。このままでは僕は死神だと思われてしまう。僕は声のトーンを落とし諭すように「児玉、落ち着け。これは遊びや」と言った。

児玉は少し落ち着いたが、「でもなにかが自分の中から無くなったような気がします」と言った。僕が笑うと、児玉が僕の魂を吸い出した。「やめろ!」僕も思わず大きな声を出していた。僕達は結構危険な遊びをしていたのかもしれない。

吉祥寺で遊んだ後はバイクに二人乗りして、変なことを言い合いながら、仙川の『湯けむりの里』という大きな銭湯に行った。秋の夜を走り抜けながら澄んだ空気の薫りが強くなったら、そこが仙川だ。

五十　自意識の捨て場所

自意識の捨て場所を探していた。自分で自分の写真を撮ることを自撮りというらしいが、それができる人は自意識が正常な人だと思う。僕には無理だ。

自撮りをする際に大きく眼を見開き、可愛く写ろうと努力する女性は立派だと思うが、男性で眼を見開き魅惑的に口角を上げてしまう人は若干自意識が欠落している人だと思う。良く写りたいというのは普通の欲求だし、自己陶酔のような感覚は誰にでもある。だが「眼を見開いて自分を撮るなんてナルシストで気持ち悪い」という声がどこからか聴こえて来ないか？　それとも「ナルシストで気持ち悪いと思う人もいるだろうけど、恰好良く写りたいから撮るだけさ」ということなのか？　それなら天晴(あっぱ)れだ。そんな人に僕は憧れる。しかし、今の僕には到底できない。

二十九歳の頃、自身の本を出版した際、巻末に自分の写真を載せることになった。

僕には写真を撮る習慣が無く過去の写真は人から譲り受けたものだから手元に写真が無い。自分で撮るのは不可能だから、誰かに撮って貰うしかない。

そこで、普段から仲良くしている後輩芸人の児玉を喫茶店に呼び出し、深刻な状況を説明した。すると児玉は勝手にデジカメを触り、レンズをこちらに向けてシャッターを押した。

「なにしてんの?」と眉をしかめる僕に対して児玉は、撮った画像を確認しながら「できました、新進気鋭の作家みたいですよ」と笑顔で言い放ち、その画像を僕に見せた。

それがいけないのだ。僕は作家でもなければ新進気鋭でもない。その写真を見た人間の大多数が、こいつ作家を気取りやがってと鼻で笑うはずだ。気取るのが嫌なら、「変な顔で写れば良いじゃねぇか、お前芸人だろ」という声が今まさに聴こえて来たような気がしたが、全然解ってない。それは作家を気取るよりも気取っているのだ。だって、恰好良いじゃないか。周りの眼を気にせず、自分の大切な初めての著書に変な顔を載せるなんて、凄く男らしくて素敵だ。だが、僕がそんな器じゃない小物だってことは、世間の人は知らなくても周りの人間は皆知っているのだ。僕がそれをやるのは、地味で目立たない古典の中年教師が文化祭でザ・ブルーハーツの『リンダ リンダ』を熱唱するようなもの……でもない。それは、ギャップがあって結構良い。僕の場合、普段からロック好きと主張しているけど似合わないと揶揄されている、声が異常に高過ぎる学生が、『リンダ リンダ』を唄うが叫べていないという中途半端な状態に近い。

どうすれば良いか解らず、色々な案を試した。

眼を閉じて撮ったら、髪が風に吹かれてスピリチュアル系気取りになった。走っているとこを撮ったら、少しブレてUKロックにありがちな前衛的なジャケット写真気取りになった。シンプルに真顔で撮ったら、無垢な詩人気取りになった。黒い帽子を深く被ったら前科者気取りになった。歯を食いしばって撮ったら、「元ボクサー就職という名のリングに上がる」という本の装丁写真みたいになった。全力でジャンプして撮ったら、パンクス気取りにも、爽やかアイドル気取りにもならず、なんにもならなかった。只々どこまでも不愉快なだけだった。

途方に暮れていると、児玉が「腹減った」とつぶやいた。それだと思った。飯を食って、本気で美味いと思っている瞬間ならば自分を客観視できないはずだ。

すぐに大好きな蕎麦を食べに行き、そのあいだ何枚も撮って貰ったら、途中から蕎麦の美味さに夢中になってようやくカメラを忘れ自然体風で写ることができた。

そして、帰宅後風呂でシャンプーをしながら無意識にウルトラマンのような髪型を作って楽しんでいる自分を発見し、自意識の捨て場所は風呂場だと気づいた。

五十一 ✿ 隅田川の夕景

好きな人とデートした経験がある人は幸福だ。前日、真夜中の十二時を過ぎた時計を見て「もう今日やん」と平凡なセリフをたやすく吐ける。それがデートだ。

僕が選んだ場所は上野・浅草だった。

上野公園の階段を上ると西郷隆盛像が僕達を出迎えてくれた。僕は少し違う角度から西郷を眺めたり、一旦西郷に対して背を向け油断させておいて突然パッと振り返ったりした。もちろん意味など無い。西郷の頭に付着したハトの糞は見えないことにする。もったいないと僕を責めてはいけない。「あっ！　ハトの糞付いてる！」とはしゃいで良いのは十代までだ。「西郷隆盛って大きかったんやなぁ」好きな人がつぶやいた。「えっ？　実物大ちゃいますよ」僕が言う。「でも犬は実物大っぽいで」、「でもこの西郷が実物大やったら化物ですよ」、「そっか……」。好きな人の愉快な想像を止めてしまった。悪魔め、なんの責任も無い西郷に唾を吐き先に進む。

するとと『正岡子規記念球場』という看板が目に入る。野球を愛した子規の幼名は「升(のぼる)」で、それをもじり「野球(のぼーる)」という俳号を用いたこともあったらしい。

僕は先程の失態を挽回しようと「巨大西郷やったら全部ホームランですね」と明るく言ってみたが好きな人は僕の言葉を受け流し先に進む。それを足早に追う僕はとても無様だ。

公園内でフォークシンガーの周囲に数百人のオッサンが集まっていた。オッサンのカリスマ? 疑問に思ったが腹が減ったので精養軒に向かうことにした。名前からして美味そうだ。しかし、いざ精養軒の前に立つと建物が立派過ぎて気が引ける。いかにも値段が張りそうだ。入った途端「お前は入れないぞ!」と店員に怒られ、「そうですよね」と僕は卑屈に笑い醜態をさらすことになるのではないか。好きな人も同感だったのか気がつくと僕達はキヨスクで売ってそうなパンに似たピザを売店で食べていた。

食後に先程のフォークシンガーのそばを通ると、なんとオッサン達に炊き出しが振る舞われていた。炊き出しを貰うと歌には耳もくれず消え去るオッサン達。歌ではなく炊き出しがカリスマ性を有していたのだ。剝き出しの人間臭さを見た僕達は浄土を求めて浅草を目指す。

浅草寺に到着したが改装中。手を合わす参拝客の前でヘルメットを被った作業員が働いていてなにか違う気がする。ただ門に掛かった巨大草履は解りやすくて良かった。

僕達は歩いて隅田川に移動しビルに反射した夕焼けに眼を細めていた。屋形船に揺られる外国人を見て「あれポール・スミスやないですか？」と言う僕にも好きな人は反応しない。

すると近くにいた子供が僕を指差し「一人で喋ってる」と言う。僕の隣りには誰もいないらしい。最初から僕にしか見えてなかったのか。夕焼けが溶かしてしまったのか。

僕は一人だ。ドスン。巨大な音。浅草寺の草履を履き犬を連れた化物が街を踏み潰す。その風景は壮観で破壊の音は心地好い。僕の憂鬱も一緒に踏んでくれ。

五十二 ✿ 浜離宮恩賜庭園

ここを訪れる度に、僕の脳内に一つのイメージが浮かんで離れない。書くこともためらうほど無意味な思念なのだが払拭（ふっしょく）しようにもできない。

それがなにかというと、「屁をこくのに最適な場所」ということである。馬鹿にしているわけではない。街中で屁をこくのは大変な危険が伴う。人に迷惑が掛かる可能性があり、自分も恥ずかしい。歩きながら連続でこいてしまうと、屁を動力として動いていると思われるかもしれない。しかし、夕暮れの庭園の見晴らしの良い橋の上なら誰にもバレずに屁がこけるのである。もしも、誰にもバレずに屁をこかなければならない時があったとしたら、僕ならば、ここを選ぶ。罵。

五十三 ✿ 真夏の空中の十貫坂上

夏の中野通りを南に進み、十貫坂上を訪れる度に『ここは坂之上十貫という人斬りが頻繁に出没した場所である』というナレーションが頭をよぎる。だが、そんな事実はおそらく無い。暑さによる幻聴だろうか。

缶珈琲を買い一息つく。見覚えのある少年が「見といてや」という表情を浮かべ、ビルの屋上から飛び降りる。そうかと思うと少年は非常階段を駆け上がり、再び屋上から飛ぶ。少年は、そんな行為を何度も繰り返し、肩で息をしながら「ぼく、すごい？」という顔で僕を見る。無視していたが、何度も繰り返すので、大人の凄さを見せてやろうと僕も非常階段を駆け上がり、そのまま一気に飛んだ。風の音がした。

真夏の空中で向かいのマンションの住人らしき女性と眼が合った。気恥ずかしさを感じて下を見たら僕の身体は少年だった。

五十四 ✿ 日本橋を終点に見る記憶

歌川広重が描いた日本橋を見たことがある人は、現在の日本橋を見たら物足りなさを感じると思う。上には首都高速が架かっているため陽があたらず暗い。なにより空が狭い。サイズが合わない家具のせいでできたデッドスペースのようだ。

だが、日本橋こそが「東京　〇㎞」という標示の終点になっている場所らしい。ここから国道一号線も始まり、僕が生まれた大阪の街まで繋がっている。あの仏具屋にも、あのたこ焼屋にも繋がっている。

五十五 ✿ 下北沢開かずの踏切

下北沢にはいくつか踏切があった。これが中々開かない。夕暮れに下北沢を歩いていると閉じた踏切にぶつかる。その待ち方で下北沢歴が解る。

初めての人は「今度はこっちから来た！　次は反対方向だ！　今開いてたら渡れたよ！」と線路を睨み一喜一憂する。下北沢の住人はというとイヤフォンを耳に装着し通過する電車の音と相性の良い音楽を聴いたりする。恋人同士は彼女だけが渡ってしまい、彼氏は僕の隣りで待つ。踏切が開かないと二人は会えない。踏切が夜になっても開かないと人々はテントを張り朝を迎える。

踏切待ちの人々を対象に商店も建つ。数年が過ぎると宿が並び、街ができる。百年開かないと踏み切りの両側で、それぞれ独立した言語や文化を持つ国家ができる。僕は死に、踏切のそばに墓が建つ。

長い時を越えて踏切が上がる。いつかの恋人同士の子孫達が握手を交わす。僕の子孫は、僕の欲しかったアレン・ギンズバーグ著、古沢安二郎訳の『咆哮』という詩集を本屋で買い、僕の墓前に供える。

踏切が開くまで様々な物語を乗せた列車が頭の中を通過する。

五十六　赤坂・草月ホール

数年前、赤坂の草月ホールでラ・ゴリスターズという四組のコンビ芸人が組んだユニットのライブがあった。メンバーは先輩のハイキングウォーキングさん、同期の平成ノブシコブシ、後輩のイシバシハザマ、そして我々ピースの四組。ライブが決まると普段は本番に向けて準備をするだけなのだが、その時ばかりはいつもと違い一つのことを懸念せざるをえなかった。なんと恐ろしいことにライブの当日が僕の誕生日だったのだ。とても喜ばしいことじゃないかと思う人もいるかもしれない。

しかし、僕にとっては不安材料が沢山あった。ライブ当日が誕生日なのだから、おそらく百二十パーセントの確率でサプライズ的ななにかが仕掛けられるだろう。その時に僕は上手く喜ぶことができるだろうか？　メンバー、スタッフ、もしかしたらお客さんまで巻き込んだ大きなサプライズになるかもしれない。その人達に「こいつ全然喜んでないやん、冷めるわ」と思わせてしまってはいけないのだ。

そんなことを考えると打ち合わせ中も気が気でなかった。突然出された巨大バースデーケーキに対して「え～！　うそだろ～！　俺～?」というリアクションをしっかりと取り、ロウソクを吹くのだけれど最後の一本を中々消すことができず「肺活量無さ過ぎだよ～！」と皆に言われ、温かい雰囲気の中、大きな失敗無く誕生日のサプライズをこなすことができるだろうか？

もしかしたら、僕にだけ内緒でコントの途中から僕の誕生日を祝うバースデーコントに展開する可能性もあるかもしれない。そう考え出すと、僕が打ち合わせの部屋にずっといると皆はそのバースデーコントの打ち合わせができないのではないかと思い、トイレに行くふりをして時間を潰し、皆に心置きなく僕を祝う演出方法を考える時間を与えたりした。

そしてライブ本番の日が来た。僕は、いつもより少し遅めに楽屋入りすることにした。皆が僕へのサプライズの打ち合わせをしっかりできるように。

そして僕は普段よりも乱暴に足音を立て激しくドアを開けた。僕が来たことを皆に知らせ、サプライズのケーキやくす玉を隠すタイミングを与えるためだ。

皆はいたって平静を装っていた。と同時に皆は大きなミスを犯していた。スタッフも含め誰も僕に「誕生日おめでとう」と声を掛けなかったのだ。意図的に知らないふりをするのはわざとらしい。僕はクッと思わず笑いがこぼれてしまいそうなのを堪えつつ、皆の芝居に付き合い平静を装った。

ライブが始まった。オープニングは何事も起こらずに終わった。もしかしたらオープニングか？　とも思っていたが違うようだ。コントが次々に終わって行きいよいよエンディング。気を抜けば笑い出しそうな表情を懸命に抑えなにも知らないふりをして皆と舞台に並び客席に頭を下げた。

来るぞ！　来るぞ！　前列のお客さんが少し動いた？　お花か？　クラッカーか？「もぉ～！」という恥ずかしげなテレ笑いで顔を上げると完全に幕が下りていて、皆が「お疲れ様でした～」と言っていた。そもそも僕の誕生日など誰も知らなかったのだ。僕は、とんだ勘違い野郎だ。恥ずかしかった。いや外に出るまでは油断禁物だぞ。観客の前で盛大に祝ってしまうと、僕が照れてしまうと配慮してくれたのかもしれない。しかし、僕は誰よりも早く草月ホールの外に出られてしまった。誰にも止められなかった。赤坂の夜の風はとても冷たかった。

僕は「本能寺の変」が起こった六月二日に生まれた。歴史的に見ても明智光秀の裏切りに負けないほどの哀しいサプライズ。「草月」と彫られた石は僕にどのように生きろと要求しているのか?

五十七 ✿ 下北沢CLUB Queの爆音と静寂

ライブハウスで、芸人達によるDJイベントがあった。

僕は本物のDJがどういうものか全く知らないが、その内の何人かは本格的なDJのようで、お客さんを盛り上げていて素晴らしかった。

『脳漿(のうしょう)！ 脳漿！ 頑張れ！ 頑張れ！ 脳漿！』

だが、僕は全然駄目だった。DJという職業は自分には恰好良過ぎて務まらないという意識が絶えず脳裡にあり、だが頼まれて承(うけたまわ)った時点で、自分の持ち時間はしっかりとやらなければならず、お金を払って来て下さったお客さんに、こちらの事情、ましてや自意識など全く関係の無いことなので、とにかく全力でやるしかなかった。

『南半球おいしい！　北半球しょっぱい！』

情けないことに僕はライブハウスに入ってから酒ばかり呑んでいた。素面ではとてもやれそうになかったからだ。

そんなに怖いならやらなければ良いじゃないかと思うかもしれないが、怖いことをやらなくて良いなら、僕はプールには入らなかったし、ラジオ体操にも行かなかったし、サッカーもやらなかったし、学校にも行かなかったし、人前にも立たなかった。もしかしたら僕は部屋から一歩も出られなかったかもしれない。怖いこと、嫌なことから時々逃げずに、たまにではあるが、試しにやってみたからなんとか生きて来られた。その先に、楽しいという感覚を得たことも一度ならずある。だから、なにかから逃げようとしている自分に気づいた時、僕は可能な限りやってみることにしている。

『リニアは速いモーターカー！』

僕がＤＪを引き受けたことを知った仲の良い後輩達が、「一緒にやります」と言って駆けつけてくれた。それは、とても心強かった。みんな、僕の性格をよく知っていて助けに来てくれたのだ。後輩達は僕が流す曲に合わせ舞台上で踊ってくれることになった。

『嘘ついたらハリセンボン溶かす、工場で』

だが、あくまでもＤＪをするのは僕だ。爆音が鳴り響きフロアでは若い男女が思い思いに踊っている。僕の出番が近づいて来た。僕の前の人は、自分の持ち時間を機材を使って曲を流すＤＪスタイルではなく実際に楽器を弾いてやるバンドスタイルだった。芸人達だけでやるバンドだ。

『敵は毛利か上杉か！　敵は毛利か上杉か！』

そのバンドのボーカルは何曲か唄うと、なにやら語り始めた。芸人の素晴らしさを、そして大先輩達を越えて行かなければならないという持論を、そしてこの会場に集まったお客さん達が最高であること、そして今夜共に演奏するメンバーが面白いということを、そして面白いことが一番凄くて、面白いことを作り続けたいと力強く語った。僕はなにかに対して真面目に向き合う人が大好きだ。

そして、「そういう気持ちで作りました……聴いて下さい……」と言って最後の曲を唄い始めた。僕は思わず笑ってしまった。そういう気持ちが楽曲制作に向かった不自然さに。

会場にいた人間は全員ずっこけるべきだったが、そうはならなかった。綺麗で率直な詩を大きな声で唄うバラードだった。解りやすく大きな矛盾を現出させるという、彼の身を挺してまで表現した意図は観客に伝わらなかった。会場は、結構良い感じに酔っていた。

或いは、僕の捉え方が間違えていたのだろうか。彼は敢えて観客に違和感を感じさせるという表現を試みたのではなく、本気で言っていたのだろうか。そんなはずはない。彼はそんな奴じゃない。例えば、仮に彼の言動を真っ直ぐに受け入れたとする。

『夢は叶う！　傷は化膿！』

すると、確かに彼の言ってることには、共感できることも多い。だけどなにか強い違和感を感じる。ダイナマイトを身体に巻いてテロ攻撃をして、死にながら悪者にされる外国の若者のニュースを聞いた時に感じる無情とは全く異質の違和感を。その国の価値観や常識に於ける正義を全うするために命を捧げるという行為は恐ろしいことだし、あってはいけないと思うのだけど、それを幸せだとも、恰好良いとも思わないのだけど、笑うこともできないし、変だと切り捨てることもできない。最初に感じるのは哀しいという感情だ。そして得体の知れぬ恐怖だ。

『この森を抜けたら私のことは忘れて下さい』

死ぬのは怖い。とても怖い。それを、なにかのために捧げる力というのは一体なんなのだろう。それは自殺とは根本的に違うのだ。そして決まって僕は自分の存在が恥ずかしくなる。のうのうと生きていやがると思う。

それとは反対に、なにかの正義を強く主張して、ちょうど良い按配の潰せるくらいの小さな悪に対して厳しく向かって行く団体の臆病な英雄に気持ち悪さを感じて仕方がない。まるで俺みたいな奴だなと思う。都合の良い正義だなと思う。絶対に勝てない悪に真っ向から立ち向かって殺された人の話って聞いたこと無い。

みんな、程好い感じでやってるなと思う。

『わはひろベロをかえひてくだはい』

なにもしないよりはましだし、動かなければなにも変わらないというのも頭では解るのだけど、なんかみっともない英雄だなと思う。そういうのは、善くない考えなのかもしれないけどそう思ってしまう。
僕も死ぬのは怖いし、無論誰も僕の命など欲しがっていないことなど重々承知だ。だが、僕は偉そうに御託を並べてる暇があるならやれることをやりたい。熱い思想を、夢を語って尊敬されるくらいなら、阿呆なことを言って笑われたり馬鹿にされたりしていたい。

『お〜い！　お医者さん！　白は膨張色ですよ！』

僕は、後輩達を集めて円陣を組んだ。「俺は舞台に上がったら、お客さんが笑うまで一発ギャグをやり続ける、ウケるまでやる。ウケたら曲をかける。それでスタートや」と決意を表明した。後輩達は、一人残らず「はっ？」という顔をしていたが、まぁ当事者がそう言っているのだし良いんじゃないという雰囲気だった。
舞台に上がった。曲を待つお客さんに向かって僕は、「一発ギャグをやります」と宣言した。そして、早速披露した。

『アナタの願いごとは、大き過ぎるので賽銭返します』

全然ウケなかった。もう一発。

『お祖父ちゃん！　生き返れ！　お祖父ちゃん！　生き返れ！』

全くウケない。

『ゴジラVSキングギドラVS微炭酸VSお前』、『私が発する「ぬ」は今から「も」です。ぬぬぬぬ……』、『縮小するアメリカ、膨張する埼玉』

やれどもやれども全く響かない。真夜中、会場の大半は酒を呑み、呑んでいない者も爆音で流れる音楽によって強制的に躁状態だった。誰がなにをやっても笑うような雰囲気のはずだった。なにかの間違いだろう。もう一発。

『聴こえるよ。猛烈な貧困の音』

やはりウケない。先程までにこやかだった、お客さん達の無数のシビアな目線が僕の身体に突き刺さる。才能が無いなんてことは知っている。スピーカーから流れる爆音に鼓膜をやられているのか、僕の声では小さ過ぎて届かないのか。

やるんだ。

『名前は解りませんが、アルゼンチンの妖怪です』

ウケなかった。もう一発。

『2組の女子から通りなさい』

少しウケた。よしこれで曲を流せるぞと思ったのだが、後輩達は腕を組み難しい顔で客席を睨み、ぴくりとも動かない。「まだだ」という表情。「こんなもんじゃないでしょ先輩」という表情。先程のバンドは、ちゃんと盛り上げて仕事してたな。

三島由紀夫は命をかけて主張した。

『あなた、木っ端微塵じゃん』

太宰治は自分の恥部をさらけ出し、命をかけて笑われようとした。

『趣味は少しずつ粉砕されることです』

命をかけてなにかを表現しようとした僕の英雄達は偉大だ。安全な位置から吠えてる臆病な卑怯者とは大違い。

『キミとキミを足して2で割ったものが無意味です』

僕のギャグは全くウケず、柄にもないことをやるもんじゃなかったなと後悔しそうになりながら、ギャグを続け、さっきまで爆音が鳴り響いていた下北沢のライブハウスは東京で最も静かな場になっていった。いつでも一番ダセェのは僕だ。

『パンチ！　キック！　マキロン！』

『人生あきらめてる奴、この指と～まれ！』

『カタカナデシャベッテルフンイキダシテマス』

『国家にとって善からぬ思想を持ってます』

『汚い靴を舐めさせて下さい』

五十八 ❦ 小包のある風景

仕事で中学の卒業アルバムが必要になった。早急にと念を押し母に送って欲しいと頼んだ。急いでいることを明確に伝えないと、母はサバ缶、靴下、ホッカイロなどを沢山詰め込み小包を充実させようとする趣味がある。色々と送ってくれるのは有り難いのだが、添えられた手紙に家族の近況ならまだしも「近所の犬が最近吠えない」など、思わず知らんがなとつぶやいてしまうような内容が書かれていることがある。

仮に、僕が平安時代の貴族のような暮らしをしていたなら、その手紙から母の生活を想像し、手に増えたシワなどを思い浮かべて感じ入り、涙を流しながら和歌を詠んでみたりするのかもしれないが、僕にそんな余裕は無い。手紙など不要で荷物だけを即刻送って欲しいのだ。

僕の不安が通じたのか、すぐに母から小包を送ったと連絡があった。しかし、本当に大変なのはここからだった。ポストに不在票が入っていたので、配達の方に連絡したが、全くスケジュールが合わず、営業所に取りに行ける時間も無かった。自宅には宅配ボックスも無い。

配達の方に「申し訳ないですが、家にいられる時が無くて、でもすぐに必要な品なので、僕は奇跡を信じ、帰れる時は常に家に帰る努力をしますので、あなたも来られる時は常に来てくれませんか？」と頼んでみたら、「え〜！」と露骨に面倒臭そうなリアクションをされた。そりゃそうだ。

そして、配達の方は水道メーターボックスに荷物を入れておくという裏技を提案して来た。僕としても都合が良いので了承し、仕事を終えて帰宅すると、早速水道メーターの扉を開けてみたが荷物が無い。おかしい。配達の方に電話すると、確かに置いたと言う。いつまで経っても荷物は出て来ず、卒業アルバムを使う仕事も過ぎてしまった。

配達の方に電話しても居留守を使うようになった。僕にも責任があるし、あきらめようと思った。母に心配を掛けるのは嫌なので、荷物は無事に届いたことにした。そうなると、仕事で必要だった卒業アルバムなんかより、あれだけ無駄に感じていた、小包に詰められた品や母の気持ちが不憫でならなかった。

僕はその家を引っ越した。そして、半年が過ぎた。ある日、突然前の部屋の管理会社から連絡があり、僕の旧自宅前に小包が置かれていて苦情が届いているという。それは僕宛に実家から届いたものだった。僕は仕事中だったので、夜中にならないと取りに行けない。管理会社も同じような状況らしかったので、営業所に電話を掛けて一時保管してくれないかと頼んでみた。「そんなサービスはしていない」と言われた。半年前の荷物が時空を越えて今届いたというのは、中々のニュースなのになんだろうこの人の余裕は。

試しに一応、代表者の方に話してみて下さいとお願いしたところ、営業所の部長が血相を変えて、荷物を保管し責任を持ってどこにでもお届けに上がります、と言ってくれた。但し、この話が世に出ると大変なのでどうか御内密にと言われた。僕にも責任があるので全く怒っていないが、時空を越えて届いた荷物は不思議な話なので黙っておく自信が無いし約束はできないと申し上げた。部長は残念そうだった。

新しい住居に届いた小包を開けると卒業アルバムと「要冷蔵」というシールが貼られた梅干しが入っていた。そして手紙には、「夜分、冷え込むので暖かくして下さい」と母の字で書いてあった。

そんな手紙を僕は真夏に汗をかきながら読んだ。

五十九 ✿ 月夜の富岡八幡宮

後輩芸人のロシアンモンキー中須が門前仲町に住んでいた。その家に仲の良い芸人で集まり鍋をした。中須の奥さんは、率直に自分の意見を述べる面倒見の良い綺麗な人だった。僕よりも後輩が「そろそろ帰ります」と言うと、奥さんが「え〜！　一番先輩の又吉さん残ってんのに？」と言い、後輩が帰るのを阻止したりする。

後輩達は、奥さんのことを「鬼じゃねぇかよ、帰らせろよ」と言いながらも決して本当に嫌がってはいなかった。と思う。僕は先輩として扱って貰えるので、気楽に心置きなく好きな話をしていた。時計は午前〇時を指そうとしていた。

その時、突然奥さんが、「はい又吉さん、今から文学の話禁止！」と叫んだ。ついに奥さんの刃(やいば)が僕にも向けられたのだ。僕は調子に乗って好きな本の話を語り過ぎていたようだ。奥さんには退屈だったのだろう。中須は自分の奥さんに叱られた先輩の僕を助けるわけでもなく、ただヘラヘラしながら「そら怒られますわ」と奥さん側につき酒を恵んで貰おうとしていた。

その後、酔いを醒ますために外を歩いた。月夜の富岡八幡宮が綺麗だった。

六十 ✿ 井の頭公園

十九歳の僕は東京に出て来たことを後悔していた。なぜ自分程度の才能で東京でなにかになれると思ってしまったのか。全く歯が立たなくて驚いた。

毎日、自動販売機で缶珈琲を買うことと、日に焼けた新潮文庫の太宰治をポケットに入れて散歩するだけの生活。飲み終えた空き缶を電柱の下や、駐車場のブロック塀の上に置き去る。そして、それが爆発するところを想像する。でも、これは梶井基次郎の『檸檬』のイメージだったと気づいていてえずいたこともある。苦悩の仕方まで誰かの模倣になってしまうのか。

新潮文庫巻末の年表に、太宰が生まれたのは『一九〇九年』とあった。ということは、十年後の『二〇〇九年』に太宰治は生誕百年を迎える。その時に自分はなにをしているだろう。まだ東京にいるだろうか。もう大阪に帰っているかもしれない。生きているかも解らない。

太宰の百歳の誕生日に太宰を偲(しの)ぶライブをやりたいと思った。芸人にとって自ら主宰するライブを行うというのは高い壁だった。期待されているコンビでも単独ライブをやらせて貰えるのに三年はかかる。個人で好きな作家を語るライブなど本当に遠い夢だ。でもやりたい。そのライブを想像すると力が全身に漲(みなぎ)るような感覚があった。そして、もしそれが叶わぬなら辞めてしまおう。それまで死に物狂いで準備をするのだ。刀をひたすら研ぎ続けるのだ。井の頭公園を歩きながら自分に誓った。

それから九年が過ぎた。僕は二十八歳になっていた。相変わらず貧困にあえいでいたが劇場には毎日のように立てるようになっていた。しかし自分のライブを立ち上げるような力は無かった。

そんな時期に、作家のせきしろさんから一緒に俳句の本を作らないかと誘っていただいた。今でも不思議に思うのだけど、なぜ、せきしろさんは誰からも期待されていない無名の僕などに声を掛けてくれたのだろう。しかも僕達は一度も喋ったことが無かった。せきしろさんに理由を聞いたことがある。それまでにも何度か吉祥寺を虚ろな眼で歩く僕の姿を見掛けていて「危うい」と感じたらしい。十年前の自分と重なったとも仰っていた。そういえば、知り合って間もない頃、せきしろさんから「死ぬなよ」と言われて笑ったことがあった。せきしろさんから声を掛けられたのは本当に嬉しかった。自分などに興味を持ってくれる人が存在するということが本当に有り難かった。

そして、僕は自由律俳句を作り始めた。せきしろさんが俳句の連載を僕と一緒に始められる場所を探してくれたが、どこも、せきしろさん一人の連載を希望しているようだった。せきしろさんは僕には言わないけど雰囲気で解った。先方から、せきしろさんに声が掛かり、話がまとまりかけていたのに、後から「あそこはやめましょう」と毎回のように潰れた。それは当然のことで僕以外の誰も悪くなかった。自分が邪魔になっていることが申し訳なかった。「僕は趣味でやっているだけで充分楽しいので、せきしろさん一人でやって下さい」と何度か提案したが、せきしろさんは「その選択肢は無いです」と言った。優しくされるのに慣れていなかったから奇妙にさえ思えた。

もちろん嬉しかった。

せきしろさんは、僕に対して何処までも優しかったが、せきしろさんの詠む句には凄まじいまでの発想と哀愁と迫力と繊細さがあって、自分の句と比べた時に圧倒的な才能の差を感じた。どつき回されている感覚だった。でもそれは妙に心地好かった。こんな人が近くに存在しているのは幸せなことだ。お互いに作った句を持ち寄り、呑む酒は最高に美味かった。楽しい時間だった。

ただでさえ迷惑を掛けていた僕は、せきしろさんと二人で酒を呑んでいる時に、「太宰の百歳の誕生日にライブやるのが夢やったんです」と話した。いつの間にか『二〇〇九年』になっていて、間に合わなかったとあきらめながら。

後日、せきしろさんから「太宰の誕生日、阿佐ヶ谷ロフトおさえました」と連絡が来た。できるのか。できるのだ。『太宰ナイト』。十年越しの夢が叶うのだ。せきしろさん。せきしろさん。せきしろさんに受けた御恩は一生忘れないくらいでは済まされない。そんなことは当然なのだ。それなのに僕はいまだ迷惑を掛け続けている。

六十一 ✿ 阿佐ヶ谷の夜

二〇〇九年。僕は自由律俳句を作りながら『太宰ナイト』の準備に取り掛かった。その二つが僕の精神に大きく作用して、なんというか自分でも驚くほどの気力が湧いて来た。その影響で自分で脚本と演出をやらせて貰える『さよなら、絶景雑技団』というコントライブも決まった。

『太宰ナイト』のゲストは、せきしろさんを筆頭に、南海キャンディーズ山里、しずる村上、ハリセンボン箕輪にお願いした。いずれも僕が大好きな芸人達だ。仕事が無くて漂泊の詩人のような暮らしをしていた僕とは対照的に当時から三人はメディアの露出に忙しくしていたが、こころよく引き受けてくれた。

そして、作家の西加奈子さんにも出演をお願いした。正直に白状すると僕は西加奈子さんの突出した才能に以前から怯えていた。既に素晴らしい作品を沢山書かれていたし、西加奈子さんを知る人に会うと必ず、「西さんは異常に面白い」と口を揃えて言うのである。そして、その情報をくれる人達が決まって相当面白い人達ばかりだったのだ。面白い人達が声を揃えて「面白い」と言う人って、どんな人なのだろう。芸人才能があって小説家で面白い。それだけでも僕にとっては恐怖の対象だった。芸人の癖になにを気弱なと思われるかもしれないが、人間というものは十年も社会からゴミのような扱いを受けていれば自信など消えてしまうのである。僕は何度も西加奈子さんと会った時のことを頭の中でシミュレーションした。

しかし、「声ちっちゃ！」、「ボケへんのかい！」、「キモいねん！」と何度試してみてもボコボコにされてしまう。尊敬が炎症を起こし、おかしなことになっていた。

初めて西さんにお会いしたのは新宿だった。せきしろさんと『太宰ナイト』の件で御挨拶に伺った。西さんは既に同席されていた編集者の方とお酒を呑まれていた。ひどく緊張した僕が席に着くと、西さんは太宰について色々と熱心に話して下さった。

お話は凄く面白かったし、こんな自分に真剣に話して下さる姿勢に感動もした。だが僕は怯えていたこともあり、圧倒されてしまい、途中からは叱られているような感覚だった。もっと太宰を読み込まなくてはと思った。

西さんは僕の眼を真っ直ぐ見ていた。半泣きのようにも見えた。なにか特別な力を持っている人というのは熱が凄い。「太宰は芸人風情が生半可な気持ちで扱って良い作家ではない」と小説家に教えられている気持ちになった。もちろん西さんは一言もそんなことは言っていない。真摯に向き合う姿勢からそう感じたのだ。しかし、僕にも十年越しの想いがある。僕は敗北感に包まれながら感謝の言葉を述べ「本番までに読み返して来ます。よろしくお願いします」と言った。

すると西さんは、「じゃあ、私出して貰えるんですか?」と仰った。なにを仰っているのか一瞬解らなかった。「ご迷惑でなければ、ぜひ」と僕が言うと、西さんは「良かった〜!」と言って、編集者の方や、せきしろさんに笑顔を向けた。西さんは、オーディションのような感覚で僕に対して懸命に話して下さっていたのだ。僕なんかに。なんと謙虚な。なんと素敵な。こんな人が存在していることに驚いた。この人を好きにならない人はいないだろうと思った。なぜ、僕を人間として扱ってくれるのだろう。なぜ、僕を見下したり、気持ち悪がったり、鼻で笑ったりしないのだろう。本当に不思議だった。子供の頃に大人と同じように刺身を出して貰えた時の喜びに似た感覚。僕が想像していた他人に厳しいタイプの面白い人ではなかった。優しさに溢れた本当に面白い人だった。

二〇〇九年六月十九日『太宰ナイト』は無事に阿佐ヶ谷ロフトで開催された。本当に皆さんのおかげで楽しい夜を過ごせた。西さんは凄まじいほど観客から笑いをとっていた。その日、せきしろさんと作った句集『カキフライが無いなら来なかった』が手元に届いた。色々な夢が叶った奇跡の一夜だった。この夜から、あらゆることが始まり、あらゆることがこの夜に繋がっている。

それからしばらくして、西さんが短篇集を出版された時、帯コメントのお話をいただいた。その作品は文芸誌での連載時から熟読するほど大好きだったが、「僕が帯を書いても宣伝にならないですし、申し訳ないので……」と西さんにお伝えした。西さんは知名度は関係無いということ、そして「近い将来、みんな又吉さんに帯書いて欲しいって言うて来るよ」と夢みたいなことを仰って下さった。

III

六十二 ❦ 汐留の大通りに面したコンビニ

東京で芸人になってテレビに出たら、街でカメラマンに隠し撮りされて「熱愛発覚」なんていう見出しを添えられ、週刊誌に載ったりするのだろうか。そんなことになったら面倒臭い、などと、ミーハーな想像をしたのは、遠い昔の夕暮れだった。

いつの間にか、そんなイメージは遥か彼方に飛んでって、日々は敗走につぐ敗走、七転八倒、心身挫傷、やがて泣き言も尽き自分の才能の無さと精神の脆弱さに辟易し、見るに堪えない嘔吐を繰り返しながらなんとか生きていた。そんな状態で東京での十年近くを過ごして来たのだが、自分の努力や才能とは全く関係が無いところで、なにかしら大きな変化があったようで、それが僕の生活にも影響を及ぼし始めた。いわゆる転機というやつだ。徐々に忙しくなり、吉祥寺で暢気にホルモンを食うてる場合ではなくなった。

そして、その日は突然やって来た。「週刊誌に記事が出ている」と、自分が所属している事務所の社員から連絡があったのだ。恍惚と不安。早速、近所のコンビニへ週刊誌を確認しに行った。あった。心当たりのある自分の姿が確かに写真におさめられている。だが、「熱愛発覚」などという華やかな記事ではなかった。「コンビニでサラダと水を購入」という実に地味な記事だった。「挙動不審、怪しい、職務質問されるのも解る」というような文言が目に飛び込んで来た。そりゃそうだ。少しばかり生活が変わったからといって、所詮は無様で惨めな自分に変わりはない。それは汐留の大通りに面したコンビニでの写真だった。

しかし、コンビニで良かった。コンビニというのは東京での生活において非常に重要な役割を果たしていて、自分にとっては特別な場所になっている。

東京には無数のコンビニがある。その内のいくつかで、僕は面接に落ちたり、アルバイトを経験したりした。初めて働いたコンビニでは募金箱から千円札が紛失して真っ先に疑われたこともある。高円寺に引っ越して、近所で新しくバイトを探した時には夜勤なので、夜中に客が少ない店で働こうと思い、入念に下見を繰り返し、一つの店に決めた。実際に働いてみると、店長が「強盗に過去二回入られたことがある」と言っていた。強盗も僕と同じように、下見をして目星をつけたのだろう。

休日に近所を散歩してたら、ACミラン対ローソンみたいなユニフォームのチームが草サッカーをやっていた。もちろんローソンを応援した。コンビニに対する思い入れがサッカーファンとしての自分を越えた瞬間だった。

コンビニの店先にある青い照明に寄って行った虫が「ジッ」と焼かれる音に夏を感じる。ドリンクの扉を開き冷気を浴びて油断した矢先に、ドリンクの後ろの暗闇で作業する店員と目が合い、弛緩した表情を見せてしまったことを恐縮する。色々あった一日の帰り道に、近所のコンビニに立ち寄り、店内に流れていた曲がエンディング曲のように聴こえたりする。そういう瞬間が僕にとっての東京だったりする。

六十三

池袋西口の地図

池袋駅に着くと雨が降っていた。新しく西口に知り合いが開店したつけ麺屋の場所を確認するため地図の前に立つと、背後に強い気配を感じた。しばらく無視して現在地から目的地までの道筋を指でなぞっていると、「どこに行くんですか？」と声を掛けられ、振り返ると警官が二人立っていた。職務質問というやつだ。

僕は頻繁に職務質問を受ける。何遍も何遍も繰り返し僕は職務質問を受けて来た。その度に身の潔白を証明して来た僕は誰よりも犯罪から遠い真っ白な存在なのだが。十代の孤独でどうしようもない時期、夕暮れ時に目覚めてなんの目的も無く漠然と歩き、「もし自分が透明人間になれたらどうする？」などと取留めのないことを考えていると、「そういえば今日はまだ一言も発していない」と突然不安になり『ああ』と独りでかすれた声を出してみて「大丈夫自分は生きている」と実感していた頃は、職務質問をする警官に、『少しでも一緒にいてくれてありがとう』と感謝したこともあった。だがそれは本当に稀な事例であり、大概は「なんで俺やねん」という気持ちなのだ。ただ、文句や不平を警官に訴えても仕方がない。警官も仕事でやっているわけだし、なにより早く解放されたければ逆らわずに協力した方が良い。「行きたいとこあるんでしたら教えますよ」と警官に言われたので、店の名前を告げると「ちょっと解らないですね」と言う。「解らんのかい」とは言わない。気がつくと僕は交番の中にいた。職業を聞かれ「芸人です」と答えると、僕を交番まで連れて来た警官が、「あれ？見たことあるかも」と僕の顔を覗き込むように見た。そして数秒後にパッと明るい表情になると、「あっ！　見たことある！　よく職務質問される人だ！」と言った。

その通り。僕は舞台や番組で職務質問を頻繁にされると再三にわたり主張し続けて来た。警官という職業柄聞き流せずに「本当か〜？」などと疑い、覚えていたのだろう。警官は、「へ〜！　本当に職務質問されるんですね〜！」と感心しながら頷いているが、感心している当の本人が僕に職務質問を持ち掛けたわけだから話は単純のようで複雑だ。

それから、「凄く好きでね、前から応援してたんですよ」と、この状況で一体どのように信用したら良いのか解らない警官の発言を笑って聞き流し、そろそろ解放されるかと思いきや「じゃあ、免許証見せて貰えますか？」とまだ調べるらしい。

ようやく交番から解放された時には雨が上がっていて晴れやかな気持ちになった。すると一人の警官が僕に近寄り耳元で、「エスパー伊東さんもここで職質したことあるんです」と囁（ささや）いた。知らんがな。その情報をどう消化すれば良いのか解らないまま食べたつけ麺はとても美味しくて救われた。

それにしても地図に生き方まで記されていたら楽なのに。

六十四 ✿ 江戸東京たてもの園

武蔵小金井の都立小金井公園内に、『江戸東京たてもの園』はある。僕はたまにここに行く。ここには古い和風建築、和洋折衷の屋敷、銭湯、看板建築など、珍しい建物が広い敷地内に移築されていて、建物の中に入ることもできる。

建物の中に入ると、そこに住んでいた人達の生活が想像できて楽しい。自分の体調が良いと、住んでいた人達の声が聴こえることもある。例えば、古い文具店だろうか？店内の壁一面に小さな引き出しが並んでいる。おそらく、そこに文具が入れられていたのだろう。だが徐々に売り物ではない日用品も混入し、「お母さん、頭痛薬どこだっけ？」、「上から三段目の右から六列目やろ」、「いや、そこ開けたら爪切り入ってんねん」という声が聴こえて来たりする。ここは閉園後、人ではないなにかが集い、街として機能しているように思えてならない。僕は予定がなにも無い日にここへ行く。

六十五　晴海埠頭からの眺め

僕みたいな芸人が映画に出演し、主演を務めることになるとは思いもしなかった。沖縄国際映画祭に出品する映画の出演オファーが来た際、自信が無く「僕は芝居が驚くほど下手ですが大丈夫でしょうか?」と制作側に相談した。

僕に主演などできるはずがない。なぜなら僕は驚くほど演技が下手なうえ、そもそも日常会話さえ棒読みなのだ。子供の頃からそうだった。本当に喜んでいても感情を言葉として発すると、「う・れ・し・い・で・す」と棒読みになり、嘘臭く聞こえるのか周囲から信用されず、場合によっては感情が欠落した悪魔の子供のような扱いを受けて来た。

成人してからも写真撮影の時など自分の駄目さに辟易することがある。僕はカメラマンに迷惑を掛けぬよう全力で笑顔をこしらえるのだが、そんな僕に対してカメラマンは「又吉さんも笑顔でお願いします」と容赦ない言葉を浴びせて来る。感覚的には笑っていたのに、実際は「無」の表情なのである。困ったことだ。本当は凄く感情的で、毎夜煌めく月の美しさに驚嘆し、路傍に咲く花に涙するのが僕の実態なのだ。

そんな体質でありながら、感情が欠落していると認識されるということは、いかに表現力が乏しいかを如実に顕している。相方に「まだ人造人間の方が感情が豊か」などと言われたこともある。そんな僕が演技など到底無理な話なのである。

しかし、酔狂な監督、プロデューサーは不安を募らせる僕に「それも演出の範疇だ」と言った。ええやん。めっちゃええやん。嬉しいこと言わはるやん。その言葉を勝手に解釈させて貰うと、「キミが下手なのは重々承知、主人公もキミと同じように下手な日常を送る男なんだよ」ということになる。

めっちゃ救われる。普段通りで良いってことやん。そんなん今まで言うてくれる人いてなかった。後ろめたい気持ちで無理してた。若い女性が包容力のある大人の男性と出会った時の安心感って、こんな感じなのか。やります。そのような所存で挑んだ初日の撮影。制作側の予想を遥かに越える僕の大根ぶりに腰を抜かしたスタッフ達が緊急ミーティングを始めたり、プロデューサーから「ぼそん、ぼそん喋りよって、フランス映画か！」と言われたりした。

だが僕は一度受けたからには努力する。それが祖母の教えだ。

この映画にはキスシーンがあった。しかも、お相手は僕が思春期の頃からテレビで見ていた憧れの女優だった。キスシーンほど恥ずかしいものは無い。喜びを感じること自体が女優さんに対する冒瀆(ぼうとく)になるのではないかと思い、僕はひたすら神妙な面持ちで、その時を待った。ただフリスクを異常なほど食べたりリップクリームで保湿を高めたりと準備に余念が無かった。

キスシーンの場所は晴海埠頭。こんな綺麗な場所があることに驚いた。レインボーブリッジ、東京タワーが煌々(こうこう)と輝いていた。徐々にキスシーンが迫って来て、僕は有り得ないほど緊張していた。ライティングなどキスシーンの準備が整い、僕の名前が呼ばれた。いよいよだ。その時、チラッと憧れの女優さんを見たら、おもいっきり大福餅を食うてはった。全然緊張してはらへん。自然体で素敵。こういう無垢な風景に出会(でくわ)すと自意識の権化である自分が嫌になる。

翌日、仕事終わりの真夜中に僕はキスシーンを演じた場所を一人で見に行った。とても綺麗な場所だったし、僕は緊張してなんら覚えていなかった。そんな自分の記憶を取り戻しに行ったのだ。そのことを、次の撮影の時にスタッフさんや共演者に言うと、「気持ち悪いからマジでやめろ」と本気で怒られた。

東京タワーとレインボーブリッジ、そして映画のキスシーン。今、僕は東京の東京にいてます。この風景は僕の不器用な部分を浮き彫りにします。

六十六 ✿ 代々木片隅の美容室

幼い頃から僕は天然パーマだった。高校に入学して間もない頃、抜き打ちの頭髪検査があった。ホームルームの途中で生活指導の教師五、六人が突然教室に乱入し生徒の髪を検査して行くのだが、生活指導の教師達は皆一様に屈強な肉体と恐ろしい人相だったので、テロリストが乱入して来たかのようにたちまち教室は異様な緊張感に包まれた。

悪いことはなにも無いのだからと安心していると、一人の教師が僕の横に立ち恐ろしく低い声で「おい！　お前パーマ届け出てないぞ」と言った。パーマ届け？　なにそれ？　と思い顔を上げたら他の教師も僕の周りに集まり、「天然か？　あてとんか？」と詰問され、僕は「天然パーマです」と恥ずかしい自己紹介をした。すると、「天然ならば、親に書いて貰い提出しろ」と一枚の紙を渡された。そこには人間の頭部を前から見た図、横から見た図が描かれてあり、下に文章を記入する欄があった。家に持って帰り母親に渡した。翌朝、その用紙を見ると頭部の図にグルグルと悪魔みたいな線が優しく描かれていて、説明には「天然パーマです。特に耳の上が酷いようです」と母の字で書かれていた。母はどのような気持ちでそれを書いたのだろう？残酷な制度だと思った。

その後は坊主頭で高校生活を過ごし吉本に入った。しかし、先輩や同期から「受刑者」「殺人犯」などネガティブなニックネームばかりつけられたので、とりあえず髪を伸ばすことにした。問題はどこで髪を切るかだった。

若い頃は、極度の人見知りが出てしまうことがあったので、美容師と喋るのが本当に苦手だった。美容師の質問攻めをどう凌ぐかが重要なのだ。「お仕事はなにをされているんですか？」この質問に芸人であると正直に答えると危険だ。大概は、「へ〜、お笑い芸人目指してるんだ、頑張ってね、私の友達の友達も吉本の養成所に行ってて〜」などと、自分が知らないものだから、まだ目指している段階だと決めつけられ急にタメロになったりする。他にも、「音楽とかなに聴きます？」という質問も要注意だ。

良かれと思い「なんでも聴きます」と答えたら、「僕はテクノしか聴かないんです」と言われたりする。「知らんがな」とか「いろいろ聴けや」とか同時に五つくらいの苦情が頭に思い浮かんだが結局はストレスを家に持ち帰るしかない。とかく美容室は戦場なのだ。

今は十代の頃に同じバイトをしていた友人が美容師になったので、その友人に切って貰っている。これでストレスはたまらない。しかし、このあいだその優しい友人が僕の髪を触りながら「ちゃんと切ってるのにね……」と寂しげにつぶやいた。はっとした。僕が色々な人から「落武者」だの「髪が汚ない」だの言われているのが耳に入ったのだろう。プロとしての自尊心を傷つけられていたのだ。複雑な気持ちになった。

店を出ると夜で美容室だけが煌々と光っていた。その時、ある後輩に言われた、「又吉さんが通う、あの美容室の場所は昔、優しい夫婦が経営するパン屋だったんです。でも潰れて……、だからあの美容室には絶対に行きません！」という言葉がなぜか思い出された。美容室がパン屋の優しい夫婦を追い出したわけではない。そして友達の技術が僕を落武者にしたわけでもない。

六十七 ✿ 上北沢のファミリーレストラン

構成作家の大塚くんと打ち合わせをすることが多い。打ち合わせという名目で二人で遊んでいることも多い。大塚くんが引っ越しをするというので、「近くに住んだら打ち合わせ楽やな」と僕が言ったら、大塚くんも「そうですね、じゃあ下北沢の近くで探してみます」と言った。

数日後、大塚くんが「家決まりましたよ、下北沢の近くです」と言うので、どこかと聞くと、嬉しそうに「上北沢です」と答えた。

やりやがったなと思った。「上北沢」と「下北沢」は地名からすると隣接しているように思うのだが、実は結構離れていて電車でも二十分くらいかかるのだ。「下北沢」に近い、「北沢」は、「上北沢」ではなく、「東北沢」なのだ。

「上北沢」は良い街だが、大塚くんの目的はそこには無かった。

しょうがないので、僕が「上北沢」のファミリーレストランまで行って打ち合わせをしたこともある。毎日ここで台本を書いているのだろう、大塚くんはファミリーレストランのソファと同化しているように見えた。

今は二人とも引っ越し、気持ち悪いほど近所に住んでいる。

六十八 ✿ 恵比寿駅前の人々

恵比寿の駅前に設置されたベンチに座り後輩が来るのを待っていた。時刻は夜の九時。待ち合わせまでは、まだ三十分ほどあった。

行き交う人の流れを見ていると、様々な種類の人間がいることに気づく。仕事終わりで家路を急ぐ人。これから飲み会に向かうように見える会社員風の団体。その内の一人が、東急ハンズのパーティーグッズコーナーに売っている「本日の主役」というタスキを掛けていた。僕の人生にとっては脇役中の脇役だった。理由は解らないが少しだけ笑っている人。自分の表情が弛緩していることに気づいていないのだろう。変態みたいだからやめた方がいい。

券売機の前では、切符を買おうとしている若者に、腰の曲がったホームレスが話し掛けている。おそらくは「少しお金を下さい」と言っているのだろう。若者は戸惑った表情を浮かべながらも小銭をホームレスに渡した。するとホームレスは若者に手を合わせていた。

もしかしたら、ホームレスは「わし、実は神様やねん」とつぶやき、若者が「え〜！そうなんですか？じゃあ、お賽銭」と言って小銭を渡し、若者が「でも、実は僕も神様なんですよ」と告白して、ホームレスが「そうでしたか」と手を合わせたのかもしれなかった。そのような光景を飽きずに眺めていると三十分ほど経っていた。

二十歳前後の女子四人組が歩いて来た。「監督」と呼ばれている女子がカメラを構えている。監督が空き缶をベンチに置き、それを歩いて来た他の女子三人が無表情のまま拾うというシーンの撮影を始めた。おそらく、環境破壊やエコというテーマで自主映画を撮っているのだろう。三人が無言のまま無表情で缶を拾い、遠くを見つめながら歩き去るという過剰な演出はいかにも深いメッセージがあるように思えて、少し喧しかった。無言、無表情という演技に反して、演出が喋り過ぎていた。

監督は次に、最も人通りが激しい券売機の前に空き缶を設置した。監督以外の三人はカメラが回っていない時は、わりとキャピキャピしていた。監督が「三、二、一」

と声を掛けると、少し離れた場所から突然、無表情になった三人が空き缶に向かって歩き出した。このまま三人は無言で空き缶を拾い歩き去るのだろう。

しかし。その時、僕は我が目を疑った。あろうことか、別方向から先程のホームレスも空き缶に向かって歩いて来たのだ。そして三人よりも先に空き缶を拾った。衝撃の瞬間だった。その空き缶の残りをホームレスは飲んだ。監督と三人は悲鳴を上げた。

女子達がゴミだと見なした、それは誰かにとってはゴミじゃなかったのだ。期せずして本当にメッセージ性が強い作品ができてしまった。

いつの間にか横を見ると後輩がいて、「今、少し笑ってましたよ」と言われた。僕達は歩き出した。

ゴミを失った彼女達はなにを拾うのだろう? そんなことを考えていたら、誰かに肩を叩かれた。振り返ると自主映画の出演者達だった。「ピースの人ですよね?」と言っている。その様子を遠くから監督が撮影していた。誰がゴミやねん。

六十九　夜明け前の北澤八幡宮

下北沢で酒を呑んだ後、北澤八幡宮まで歩いて酔いを醒ましていた。秋の夜明け前だったが、そのままベンチに座って風にあたっていた。すると突然老婆が僕に近づいて来て、「朝から、神社で偉い人のお話があるから一緒に行こう。なにか変わるかもよ」と言われた。丁重にお断りしたが、老婆はしつこかった。

「こんな時間まで、家に帰らないで家の人心配してるんじゃない？　学校は？」老婆は僕の顔を覗き込む。なにかおかしい。

「学校は行ってないです」と僕は答えた。老婆は「じゃあ、仕事しなきゃ！」と力強く、僕を励ますように言った。

「一応、仕事してます。明日も朝から仕事です」と僕が答えると、老婆はきょとんとしている。続けて「あの、僕、三十代ですよ」と言うと、老婆は「すみませ～ん」と軽い調子で応え、神社への階段を上って行った。おそらく十代の家出少年と間違えられたのだろう。それとも、もしかすると十代の頃の僕が、僕のそばに座っていて、老婆はその十代の僕に声を掛けてくれたのかもしれない。十代の頃も、こうしてよく神社や寺で休んでいたから。

七十　冬の市ケ谷釣り堀の風景

寒い冬の日に後輩芸人と歩いていた。風が冷たくて皮膚が千切れて飛びそうだ。

「なぁ、風が冷たくて皮膚がパラパラ飛んでいったらどうする?」

そのように後輩に聞いてみると、後輩は眉一つ動かさず真っ直ぐに前方を見つめて質問を咀嚼(そしゃく)しているようだった。

「なぁ、バラバラになった自分の皮膚片どうすんの?」

「まぁ、集めるでしょうね」

「すぐに自分に戻す? それとも家に帰ってからやる?」

「家に帰ってからっすかね」

「俺も家に帰ってからやる派かな」

今ここに、きれぎれになった皮膚を家に帰ってから自分に戻す派閥が生まれた。

「そしたら、お前がバラバラになった自分の皮膚を集めてる時に俺が息を吹いてお前の皮膚を飛ばしたら怒る?」

「それは怒りますね」

「でも、それと同時に俺が銃で自分の頭をぶち抜いてバラバラになったらどうする?」

更に、僕は質問を重ねた。

「自分の皮膚を吹かれた怒りと、仮にも自分と仲の良かった先輩がバラバラになった哀しみとが混ざるとどうなる?」

そこで初めて後輩は眉間に皺を寄せた。

「とりあえず、僕の皮膚と又吉さんの皮膚が混ざんないようにしますねぇ」

「せやな」

「混ざっちゃうと、戻す時に解んなくなっちゃうでしょ」

「完全に肌色の部分とか解らへんかもな」

「あっ、着きましたよ」

僕達が麹町の日本テレビで収録を終えた時、まだ昼の十二時だったのでラーメンでも食べようと歩き出したら、後輩が「飼ってる亀が大きくなったので、新しい水槽を買いたいんです」と言うので、市ヶ谷の釣り堀まで連れ立って歩いた。釣り堀の前に建物があり、その周りと中に水槽があり、金魚や熱帯魚や亀が沢山いた。順番に水槽を眼で追って行く内に、次の水槽にこそ小さな水中鴉がいるという期待がずっとあったが、全ての水槽を見終わっても小さな水中鴉はいなかった。

帰り道に市ヶ谷で有名なラーメン屋『くるり』というのに行ってみようかという話になって、歩いてみたが、店の前に看板こそ無いものの行列ができていたので、やめておこうという話になり、店の前を通過して歩いていたら、『くるり』という看板が見えた。

「あっ、あるやん！」と二人で嬉々として店に入ろうとしたら、後輩が突然「駄目だ！」と叫んだ。「どうした？」と聞くと、後輩が「ここは『くるり』ではありません」と言った。

なにを言ってるんだ？　と思いながら、看板をよく見ると『べろり』と書いてあった。本当だ。『くるり』ではなかった。筆で書いたような文字だったので解らなかった。

もちろん『べろり』でも良かったのだけど、歩いててラーメン屋があったら知らない店でも入るのだけど、『くるり』だと思い入ろうとしたら、『べろり』だったという衝撃が大きくて入るのは次の機会にしようということになった。自分が愚かな読み間違いをしただけで、全て悪いのは僕なのだけれど。いずれにせよ、市ケ谷に食べてみたいラーメン屋が二つもできて幸せだ。

なんとなく僕達は目的を失って市ケ谷の街を歩き続けた。冷たい風に皮膚をバラバラにされながら、しばらく歩き続けた。

「今、飛んでいった皮膚の一部が金魚の水槽に入ってもうたで」

僕がそう言うと、「取りに行くの面倒臭えな」と後輩の白井くんは苦笑いを浮かべながらつぶやいた。

七十一 ✿ 南青山の稲荷神社

僕の幼馴染みの芸人難波が、南青山のバーでバイトを始めた。中一の時、僕に「見とけ」とつぶやき、自転車で坂道をノーブレーキで下り、派手に転んで骨折したダサい難波が洗練された店で働く。これは見ものだ。

早速、店に行った。難波は普段通りだったし、なんなら、思っていたよりもバーテンダーの服装も所作も板についていた。しかし、それとは反対に僕は非常に舞い上がっていた。今まで怖くて入れなかったバーという場所に友達が働き出したことにより来られたのだ。一人の女性客が僕の隣りに座り、自然と三人で話すようになった。

女性に質問され、答えると「すごーい！」と褒められた。なにを言っても褒められる。段々気持ち良くなって来た。いかにも東京という感じだ。

その時、難波が僕の首を見て「なんかブツブツできてる」と言った。蕁麻疹（じんましん）だった。

すぐに上唇も腫れてきた。先程まで瞳を潤ませ僕の話に頷いていた若い女性が、僕の腫れた上唇を指差し「恐竜みた～い！」と手を叩いて笑った。調子に乗っていた数分前の自分を殺したかった。外に出て凜と佇む神社を見たら急に酔いが醒めた。身の丈に合った暮らし、分相応の発言をしなければならない。肉体は正直だ。

七十二 ❀ 東京で目覚めて最初に見る天井

過去を引きずる男はみっともないらしい。僕は引きずるどころか全ての想い出を引っ提げて生きている。想い出が僕の二歩前を歩いていることさえある。好きだった人の電話番号を消すために、わざわざ見晴らしの良い丘の上まで行ったこともある。たまたま抜けた長い鼻毛さえすぐに捨てることができず、ティッシュに包み、二日は保管する。また見たくなるかもしれないからだ。

二十代の頃は、それでも良かったが、いつまでも想い出に縛られていてはいけない。だが、夢までは制御できない。仕事で失敗することなど日常茶飯事だが、不甲斐ない醜態をさらして家に帰った時に、その夢を見る。

僕は落ち込みながら夕暮れの中、目黒川沿いの道を歩いている。僕は帰ろうと思っている。自分の家ではなく、昔の彼女の部屋に帰ろうと思っている。外から部屋に灯りがついていないことを確認する。いないのか、残念だなと思う。階段を上る。彼女の部屋は二階だ。狭いキッチン。ベッドがあり、僕が無理やり運び込んだ本棚もある。西陽が射し込む部屋で埃が舞っている。彼女が拾って来た赤いソファに座り、机の上を見ると置き手紙がある。

「おつかれ！　今日も面白かったよ！　すっごい笑った！　今も思い出し笑いしてたよ」嘘でも嬉しい。全く活躍していなかったのに。

その文の横には僕の似顔絵が描いてある。次の紙をめくる。「特にあれが面白かったよ。きみが肉を食べて言った一言！」それを言ったのは僕じゃなかった。それは、司会の人が言ったやつで、僕は黙って席に座っていただけだった。

一人で笑いながら目が覚めた。また、この夢かと思った。だけど今日は変なオチがついていた。惨めな自分を笑えた。良い兆しだ。良い兆しか？

毎朝、起きて最初に眼に入る天井に、夢の続きを、良いイメージを映す。

七十三 ✿ 青山に連なる品々

　服装についてはそれぞれ考え方があるようで、「男の癖に服装にこだわるなんて気持ち悪くて、逆にダサい」という言葉をたまに耳にするが、それを唱えている男子の服装が例えば、姉のお下がりの『薄いピンク色のスウェット』を履き、対象年齢六歳以下の『猫ちゃんプリントの可愛いTシャツ』とかなら、なるほどこの人は周囲の眼を全く気にせず「家にある物を適当に着て来ました」という幻のセリフを体現している男の中の男だと納得できるのだが、服好きに冷たく当たる男子の大多数が誰からも非難されない丁度良い感じの服を着ていて、狡猾な詐欺師みたいな奴等だなと思う。「僕という素材で勝負しました」みたいな言動、「お前はジュノンボーイか」と言いたくなる。ジュノンボーイはそれで良いし、ジュノンボーイに負けないという信念を持っている人もそれで良い。興味の無いふりをしておいて、「うっかりセンスで良い感じに仕上がっちゃいました」というせこい奴が嫌なのだ。武田信玄のような甲冑を身に着けて、汗をかきながら「これが俺の美意識だ」と宣う男がいたら、友達にはなりたくないが、そんな奴こそ僕は愛せる。そいつが結婚式の二次会は、どんな恰好で参加するのか是非とも見たい。

ものづくりも然り。大人が死に物狂いになって血だらけで作った品にしか銭を払う気がしない。簡単に良いものを拵える天才もいるのかもしれないけれど。

七十四 ✿ 神保町古書店街

上京して間もない頃、初めて訪れた神保町には圧倒された。通りに古書店が立ち並ぶ風景は壮観だった。

カレー屋、喫茶店も多数点在し、僕の好きなものが集まっていた。まさに天国。『けやき書店』、『小宮山書店』。『ボンディ』、『共栄堂』。『さぼうる』……。この街で、あらゆる本やカレーや珈琲との出会いがあった。

神保町に通い始めて十三年。『小宮山書店』の上で、十代の頃から読んでいた憧れの作家と二人で呑む機会があった。酔いがまわった頃、今後の目標を聞かれて言葉に詰まった。奔放に創作の道を追求されている作家を前に、理想を語れるほどの活動が自分にできているのか？　ぬるい生活に甘んじているのではないか？　と後ろめたさを感じてしまったのだ。

すると、その方が「見たもの全てが笑い過ぎて気狂うような漫才は？」と仰った。凄いことを言わはると思った。いや、そう答えるべきだと思った。やりたいことと、やるべきことの狭間で葛藤することを正当な苦悩だと信じて甘えていた。

一部の人にしか伝わらない深さを持つ高尚な作品は確かにある。解りやすく大勢の人を惹きつける作品も確かにある。しかし、作る側がそんな市場を意識するのは作品の弱点を補うための言い訳に過ぎないのかもしれない。悩むのも、割り切るのも自己弁護に過ぎないのかもしれない。

「見たもの全てが笑い過ぎて気狂うような漫才は？」という言葉には、それらを遥かに超越した響きがあった。

お前には無理やと笑われても恥じずに言えるようになりたい。大量の本の上で肝に銘じた。

七十五 ✿ 東京タワー

母親が大阪から東京に来た。もう僕は三十代だから少しくらいは親孝行がしたいと思うのが道理である。

過去の人生を振り返り、僕は母に対して謝罪しなければならないことが幾つもある。不良だったり特別な問題児だったわけではなく至極平凡な息子だったと思うのだが、よく考えると色々と迷惑を掛けて来た。

僕は幼い頃から父も母も同じくらいに好きだったが、姉が二人揃って「母の方が好き」と宣言するばかりか、父方の親戚達までもが「あんたの家は母さんの方が偉い」などと言うものだから、父が不憫になりバランスを取るため幼かった僕は「お父さんの方が好き」と嘘を吐いて来た。それでも母は僕の顔面をどついたりせず優しく面倒を見てくれた。

変な気を遣い煩わせたことも多い。僕は果物では梨が一番好きなのだが、なぜか母は、僕がリンゴが一番好きだと信じていた。僕はそのリンゴが好きという役柄を裏切ってはいけないと思い、高校を卒業するまで梨好きを隠し通した。姉が梨狩りで採って来た梨が食卓に出た時でさえ、今日こそは梨を食えると喜ぶ僕の前に、母は別の皿に盛ったリンゴを置き「直樹はリンゴやもんな」と嬉しそうに言った。期待に応えないわけにはいかない。僕は全て平らげ「もうリンゴは無いんかい?」とうそぶき、「無いなら梨で我慢しとくか」などと大きめの独り言をつぶやいて、ようやく大好きな梨を食べることができたのだ。母からすれば本当に迷惑な嘘だ。

そんな母が東京に色紙を大量に持参し「直樹のサインを頼まれている」と言う。有り難い話だし、少しでも親孝行ができるならと僕はペンを持ち色紙に向かった。母が隣りで宛名を言い、それを僕が書く。

何枚か書いたところで気になることがあった。母が「とおるくんへ……」と言ったのだが果たして、とおるくんは何歳なのだろう。母に訊ねると「二十歳」だと言う。二十歳は大人だから僕としては「さん」と書きたい。その旨を母に伝え作業を続けた。

今度は母が「まさるちゃんへ」と言った。ちなみに、まさるちゃんが何歳か訊ねると「十歳」だと言う。十歳の男子といえば、もう自意識がバリバリに芽生えている頃だから僕としては「くん」と書きたい。その旨を母に伝え作業を続けた。

母は段々わけが解らなくなったようで「次は……たかし……さんへ」と迷いながら言った。怖かったので、たかしさんが何歳か訊ねると「六歳」だと言う。六歳なら「ちゃん」だ。次に母は「大学生やから……しょうこさんへ……」と言った。僕は「しょうこさんへ……」と書き自分のサインを書いた。すると母が「え～夢をあきらめないで……」とつぶやいた。「はっ?」と聞き直すと、その言葉を色紙に書けと促すような素振りで「夢を……あきらめ……ないで……」と母は言った。どういうことか聞くと、「この娘は看護学校に行くために頑張ってるから……」と言う。

いや気持ちは解るが、それは母の気持ちだ。それを僕が書くのはおかしい。相変わらず母は母だった。結局、都内を観光することもできなかった。せめて東京タワーの足だけでも見せたかった。東京タワーの足みたいな母に。

七十六 ✿ 池尻大橋の小さな部屋

ドブの底を這うような日々を送っていた。当たり前だが金が無いと飯が食えなくて腹が減る。働けば良いのだけど仕事が無い。バイトの面接には受からない。雇って貰えても力仕事だと長続きしない。あれ？　俺こんな駄目な感じやったっけ？　などと思うのだけど、まぁ、いいか。というか、もう、ええか。という具合に力が入らない。飯を食わなければ良いだけだ。物を買わなければ良いだけだ。飯を食うため、物を買うため東京に来たのではない。

気怠い浮遊感が常にあって、「これは本当の自分ではない、やろうと思えば自分はできるのだ」という根拠の薄い言い訳があって、どんどん自堕落な生活が加速して行く。自分がろくでなしだから、ろくでもない毎日になるのは当然だった。最悪の状況と自覚できたら良いのだけど、周りを見たらもっとしんどそうな人も沢山いて、自分程度で絶望してはいけないのかなと他と比較してしまい、自分は痛みとか苦しみに対して異常に弱いだけなのだから弱音を吐いてはいけないと自制する部分もあって、平気なふりをしなければならないのだけど、身体は正直で半年足らずのあいだに十キロ痩せて、筋肉は落ち、頬は痩け、目の下のくまは鉛筆で塗ったように黒くなった。そんな風貌になってからは、誰に会っても「気持ち悪い」とか「暗い」と言われるようになった。改善策として、おでこを出したら明るく見えると立ち読みした女性誌に書いてあったので前髪を短く切って揃え、服装も明るく見えるように派手なアロハシャツを着たら都内でも指折りの奇妙な若者が完成してしまった。

そんな危うい日々を送っていた夏の日に、仕事終わりに電車に乗るのが怖くて、ずっと歩いていたら原宿に着いた。なにも考えずに古着屋に入って、なにも考えずに古着を買ったらお金が無くなった。外に出たら、神社の前の木から青い実が落ちた。夏なのに熟していない実が落ちたことに少し心が動いた。そういえば最近感動してないなと思った。そしたら僕の前で同じように落ちた実を見ていた女の子がいて、本当に自分勝手なのだけど、この人なら助けてくれるんじゃないかと思った。そして追いかけた。その人は僕を凄く怯えた眼で見ていた。

僕は意味の通らない言葉を発し続けていた。後から聞いたのだけど、「本当に危険な人に殺される」と思ったらしい。その人はそこで逃げるべきだったのかもしれない。勝手に声を掛けておいて、お金が無いことに気づき「お金が無いので、また機会がありましたら」というようなことを最後に言ったら、その人は「お金を貸して欲しいということですか？」と怯えた顔で言った。意味の解らない存在に関わりを持たれたことを、ここで完全に解決したかったのかもしれない。その人は喫茶店で僕に珈琲を飲ませてくれて、長い時間話を聞き、最後は渋谷の駅まで送ってくれた。

冷静になると自分の行動が怖くなった。そして、その人の行動は自分の身を守るための最善の方法だったのだと気づいた。ということは連絡先は交換したけれど、その人と会うことはもうできないのだなと思うと一ヵ月が過ぎ夏が終わった。また膝から下がコンクリートに埋まっているような日々を過ごした。秋になり勇気を出して、お誘いのメールを送った。承諾の返信が届いた。身体が一気に軽くなった。

そこからは、二人で一緒にいることが多くなった。生きていたら良いこともあるのだなと思った。凄く平凡で恥ずかしいことだけど、僕は少し元気になった。その人はとても明るかったから。

その人は本当に明るかった。洋服も明るいのだけど下品ではなく綺麗なものを着ていた。音楽も海外のヒップホップというジャンルを聴いていた。僕は今までヒップホップというものを聴いたことが無かったので雑誌を熟読し勉強した。その人が喜んでくれると思い、古着屋でXLのオーバーサイズのTシャツを買って着た。褒めて貰えると思った。その人は「初めて洋服を着たサムライみたいになってるよ!」とか「おじいちゃん無理しないで」と言って笑った。

仕事も稼ぎも無く、なんの取り柄も無い最低な男と、その人はどういう気持ちで一緒にいたのだろう。変なことを言っても笑ってくれたし、もっと変な僕の言動を求めているふしさえあった。迷惑を掛けておいて失礼だけど、その人の方こそ狂ってたんじゃないかと疑っている。

初めの頃、「ディズニーランドに行きたい」と言われ、「そこまで行く電車賃が無い」と言って喧嘩になったり、「お酒が呑みたい」と言われて、「金が無い」と言いながら自分は余所で奢って貰って酔っぱらって帰り、反感を買ったこともあった。

一緒に服を見に行くと、「これ一緒に使えるね」と言って僕のサイズで買ってくれた。その人が、その服を使うことは無かった。クリスマスや誕生日には舞台で使うための洋服や靴を買ってくれた。僕があげた物と言ったらファミコン、オモチャのような安い時計。一度だけお金を貯めて財布をプレゼントしたら、それをいつまでもボロボロになっても使い続けていた。時計も財布も彼女の服装には合っていなかった。僕は身分を証明するものを持っていなかったから借金すらできなかった。

僕が憂鬱な状態の時も彼女は独りで唄いながら踊っていた。とにかく明るかった。毎晩、僕を散歩に送り出し、川で泣いて帰って来る僕に梨など季節の果物を剝いてくれた。

数年が過ぎた。劇場の出番が増えて来た。収入は少ないけれど風呂無しの部屋に住んでいたので、なんとか食べて行けるようになった。その人は、かつて流行に敏感で最先端の綺麗な洋服を着ていたが、いつからかフリーマーケットで買って来た全身で三千円くらいの服しか着なくなった。何年も連れて行けずに罪悪感を引きずっていたディズニーランドに誘ってみた。「近所を散歩するだけで充分楽しい」と断られた。たまには贅沢をして良いものを一緒に食べに行こうと誘うと「私なんかが遣ってはいけない、自分で稼いだお金は自分のことに遣うべきだ」と断られた。財布をプレゼントすると言っても、「これが本当に気に入ってるから」と何年も前にあげたボロボロの財布を見せた。

その人は、とても地味な生活を好むようになった。以前よりも静かな音楽を好むようになった。それでも僕の前では明るく振る舞い、相変わらず気分の高低差が激しい僕を励ました。いつも黄色い光を放っていたその人は、深い森のような雰囲気になった。眠れなくなった。だけど起きている時も眠っているように見えた。東京を恐れているように見えた。家に居ても東京から隠れきれていないことに怯えているように見えた。

替わりに僕が風呂上がりに変な髪型を作り、踊りながら出て行ったりしたが、おじいちゃんが無理をしているようにしかならなかった。その人は体調を崩してしまい、東京に居られなくなった。アパートを引き払い実家に帰った。しばらく静養し、もう一度東京に来たけれど、やはり駄目ですぐに帰った。

なぜ、あんなにも身勝手で横暴で相手に寄生するような日々を過ごしたのか。若さを言い訳にしていた。いつか恩返しができる日が来ると噂で聞いていた。本当はこんなはずじゃなかった。

僕はキミに「ほな行こか」と言って軽快に歩き出す。そして、お腹が痛くなるほど焼肉を喰う。譲り合いは無しだ。お腹がいっぱいになったという嘘も吐かなくていい。次の日はカウンターの寿司屋の暖簾（のれん）をくぐり大将のお任せで握って貰う。次の日は特上の鰻だ。次の日はフランス料理。メニューを見ても解らないから、名前の響きが面白い料理と必殺技みたいな名前のお酒を頼もう。次の日は海に行って泳ぎまくり、夜は鮭の切り身とお茶漬けで胃を休める。「これが一番贅沢やね」と僕が言ったら、「知ったような口をきくな」とキミは笑ってくれるだろう。夜は露天風呂に入って夜明けの富士山を眺める。そこで僕は「ちょっと待ってて」と言ってパピコを持って来る。良いことがあった時だけ御褒美として食べても良い、例のあれを半分ずつ食べよう。部屋に戻ったら太宰治の朗読会。いつか僕が熱を出した時に、『雨ニモマケズ風ニモマケズ』を読んでくれたお礼だ。新潮文庫を持参しよう。

次の日はディズニーランド。キミは恥ずかしがるだろう。僕に気を遣うだろう。僕は大きな耳をつけてキミを待つ。速い乗り物とか、高い乗り物に乗ろう。次の日は富士急ハイランドで白いやつに乗ろう。銀座で、キミが笑い飛ばすような高級時計を買おう。リゾート地に向かう芸能人みたいなサングラスを買おう。高い雑誌に載ってる恰好良い服を買って無理やりキミに着せよう。それで殴ったら歯が折れそうな巨大な宝石を指につけよう。そして海外に行こう。実は数年前にパスポートが取れたのだ。だからキミに頼まなくてもTSUTAYAでDVDが借りられるようになった。ニューヨーク、パリ、ミラノ、上海に行く。海外に行ったら、その土地の美味いものを食べる。飽きたら持参したペヤングを食べよう。

例えば、そんなことを僕が提案したら、その人は恥ずかしがって応じないかもしれない。なには無くとも安心感のある炬燵と蜜柑と、くるりの新譜があれば笑ってくれるだろう。

寒い夜、キミの家に合鍵で入り、無防備に眠る頼りない表情のキミを無理やり起こし、「のど渇いてるやろ？　水やで」と言って買って来たコーラを渡すと、キミは目を閉じたまま両手で抱え込むようにコーラを持って飲む。「ああっ」と小さく叫び、自分ののどを両手で掻きむしる。そして、二人で笑い続けた。あれが僕の東京のハイライト。

七十七 ✿ 花園神社

三十歳の頃に後輩の芸人達が僕の誕生日を居酒屋で祝ってくれた。終電が無くなり、帰る銭の無い僕達は花園神社で朝まで過ごした。

誕生日会を開いて貰った嬉しさと照れ臭さを隠したいのだけど、どうすれば良いか解らず、酒を呑んでいたせいもあるのだろう、気づいたら僕は後輩達に山で天狗に出会った時の対処法を話していた。

面白くもなんともない僕の話に後輩達は「どんな色ですか?」と盛り上げてくれて、僕は拝殿を指差し「あんな色」と得意気。みんな優しいな。

七十八 ✿ 都立大学駅前の風景

次の仕事まで時間が無かったのでタクシーに乗り「学芸大学の駅まで」と運転手さんに言った。

タクシーは無言で走り出した。知らない道を走り出したので「この道の方が早いんですか?」と聞くと、運転手さんは面倒臭そうに「ああ」と言った。タクシーは見慣れぬ景色を走り続け、都立大学の駅前で停まった。「あの、学芸大学なんですけど……」と僕が言うと、運転手さんは「もっと早く言ってよ……」と言った。

「いや途中で聞きましたけどね」と僕は言い、降車することを告げると運転手さんはメーターが回った運賃を要求してきた。「えっ? 着いてないんですけど」と言うと、「じゃあ初乗りだけで良いよ」と言う。

「じゃあ、初乗り料金払うんで僕がタクシーに乗った二十分前の場所と時間に戻して下さい。ほんで、僕が払った初乗り料金返して下さい」と言った。すると運転手さんは「お兄さん、面白い発想だね！」と大笑いした。僕は少し嬉しくなって、「そうっすか？」とモジモジし、結局初乗り料金を払い外に出た。

目的地はどの方角か？　電車とタクシーどちらが早いか？　お金は足りるか？　仕事は間に合うか？　都立大学駅前の雑踏の中、僕は迷子の犬のように途方に暮れていた。

七十九 ✿ 高尾山薬王院

子供の頃から天狗が好きだ。鼻。色。あの風貌と妖怪の中でも随一を誇る神通力。不確かな存在でありながら、誰もが知っている天狗。我々が天狗のことを想像する時、天狗は腕組みし、そんな人間達を天空から見下ろしている。天狗のことを考えると胸が熱くなる。とにかく堪らないのである。

そして、東京の天狗がどこに住んでいるのかというと、高尾山に住んでいる。高尾山でのロケが入った時、僕はあまりにも嬉しくて、自分の家から私物の天狗のお面と、山伏の衣装はさすがに持っていなかったので、作務衣を持参した。さる園を取材して、高尾山薬王院を参拝した。だが、折角持って来た天狗のお面や作務衣は使うタイミングが無く、恥ずかしくてスタッフさんに、「天狗セット持って来たんですけど」と言うこともできなかった。直接天狗の姿は見えなかったが、杉の大木の上から、或いは寺の屋根の上から、天狗が僕の様子を見に来ているなという感覚はあった。

帰りはリフトに乗って山を下ることになったのだが、ついに僕は自分を抑えることができなくなりカバンから天狗のお面を取り、自分の顔に着けた。上りのリフトに乗っている人達が不思議そうに僕を見ていた。家族連れは高尾山側が仕掛けたアトラクションの一種だと思い喜び、こちらに手を振ったりしていたが、これはただの一人の男の趣味なのだ。もちろん僕は天狗らしく手を振り返した。リフトから降りる少し手前で天狗の面を外した。係の人にバレたら「変な奴がいる」と思われて恥ずかしいからだ。リフトを降りると、ボードに写真が何枚か張り出してあった。にわかに嫌な予感がした。リフトの中腹に自動カメラが設置してあり、そこで撮られた写真が下で販売されているのだ。撮られていることなんて全然気づかなかった。リフトに揺られる人間達の写真の中に、天狗が一人でリフトに乗っている写真があった。係の人達が僕を見てクスクスと笑っていた。あまりにも恥ずかしくて、「あっ、これこれ！　いやぁ、罰ゲームなんですよ」と、さもカメラには最初から気づいていたかのような表情で天狗の写真を買った。無論、僕の顔は天狗と見まがうほどに赤くなっていた。

八十 ❦ 雑司が谷の漱石の墓

池袋の程近く、雑司ヶ谷霊園に夏目漱石の墓がある。

僕は他人が夜に見た夢の話を聞くのが大嫌いなのだが、漱石の『夢十夜』を読んで面白い夢を見る人もいるのだなと思った。

漱石の墓は、とても大きな椅子のような形をしていて、その空間の中でも一際異彩を放っていた。

漱石の墓の右後ろに、池袋駅前の高層ビルが見えるのだが、散々墓を見た後に、見晴らしの良い場所で視界に入るそれは大きな墓にしか見えなかった。

八十一 ✿ 祖師ヶ谷大蔵の商店街

「ソシガヤオオクラ」。なぜか無性に言いたくなる。心が楽になる魔法の言葉のよう。祖師ヶ谷大蔵の古着屋に、以前履き潰したスニーカーと同じものが売っていたので迷わず購入した。その数日後、渋谷で偶然入った店の店員に、それを指差され「うちの靴ですね」と言われた。いつも僕は店員に話し掛けられると緊張してしまう。「この靴は二足買ったんです」と返事をしたが、店員の反応は無かった。僕は少し焦り「また同じの出して下さいよ」と言葉を続けた。すると店員があからさまに「はっ？　なに言ってんだオマエ」という怖い顔をした。確かに僕は素人の癖に軽薄な発言をした。恥ずかしい。でも話し掛けて来たのお前やんけ。

祖師ヶ谷大蔵に行くと、その一連の出来事を思い出す。そして一人、「祖師ヶ谷大蔵」とつぶやいてみる。

八十二 ✿ ルミネtheよしもと

新宿駅に隣接するショッピングセンタービルLUMINE2の七階に劇場がある。通称ルミネ。東京でデビューした吉本の若手芸人は、この劇場に立つことを目指す。二〇〇一年四月にオープンし、僕が初めて立ったのは二十歳の時だった。それまでは、もう少し小規模な劇場で少し上の先輩や同期の芸人としか一緒になることが無かったが、この劇場はテレビで活躍する先輩や大阪を拠点にしている大師匠まで出演するので、楽屋でも気が休まらず常に緊張していた。

僕は自分の居場所が解らず、いつも楽屋の隅で正座か三角座りでできるだけ使うスペースを少なくしようと心掛けていた。おそらく僕は暗く見られたのだろう、誰かに話し掛けられることも少なかったが、本を読んでいると「なに読んでるの?」と優しい先輩が声を掛けてくれることもあった。しかし、「泉鏡花の『高野聖(こうやひじり)』です」などと答えると、その後の会話は続かなかった。

オール阪神・巨人師匠がルミネの出番でいらっしゃった時、楽屋へ挨拶をしに行くと、巨人師匠が僕の顔をまじまじと見て「自分、薬やってるやろ？　絶対あかんで！」と仰った。もちろん大慌てで否定した。コンビ名を聞かれたので、「線香花火です」と答えると、巨人師匠は笑いながら「なんちゅう名前つけとんねん！」と仰った。それだけの何気ない会話でも、師匠に話し掛けて貰えると凄く嬉しかった。

劇場の片隅に神棚がある。その神棚に向かって出番の度に手を合わせているのがペナルティのワッキーさんだった。ワッキーさんは本物のアスリートに負けない身体能力を持つ方なので体格が良く、髭も若手一濃くて男らしかった。そのワッキーさんが真摯に手を合わせる姿を見て、一つ一つの舞台にかける強い想いが伝わって来て、素晴らしいと思い僕も見習うことにした。だが、それから半年もしない内に僕の髭は信じられないほど濃くなった。これを僕はいまだにワッキーさんの呪いだと信じて疑わない。

芸人は出番終わりなど、先輩後輩で呑みに行ったりするのだが、暗く無表情の僕が誘われることは一度も無かった。だから、初めてルミネで先輩にご飯に誘っていただいた時のことは今でも鮮明に覚えている。ダイノジの大地さんと、当時チャイルドマシーンというコンビで活動されていた山本吉貴さんだ。

いつものように、楽屋の隅にいた僕はコーラを飲んでいた。すると、山本さんに「なんちゅう飲み方しとんねん！　ペットボトルの口を全部くわえるな」と生まれて初めてペットボトルでの飲み方を注意された。そういえば、前々から飲みにくいとは思っていた。僕はチャイルドマシーンさんを尊敬していたので、恐縮しながらも嬉しかった。山本さんに、その後の予定を聞かれ、ダイノジの大地さんとの食事に連れて行って貰えることになった。試しに珍獣と触れ合う感覚だったのだろう。

驚いたのは、居酒屋に行く前に大地さんが消費者金融に立ち寄ったことだった。居酒屋に行くと、大地さんは「なんでも食べたいの頼んで」と優しい言葉を掛けてくれたが、消費者金融に入って行く大地さんの残像が頭にちらついて中々頼みにくかった。借金をしてでも後輩に飯を食わせる。これが芸人かと思った。

その日を境に、山本さんは幾度となく僕にご飯を食べさせてくれた。そして、やはり山本さんも居酒屋に行く前は度々、消費者金融に立ち寄った。消費者金融に入って行く山本さんの背中。消費者金融から出て来た山本さんの表情。消費者金融から焼肉に行く山本さん。消費者金融から出て来て、僕にタクシー代を渡してくれた山本さん。消費者金融から出て来て、謎の店で「どれでも好きなん選び」と猥褻なDVDを買ってくれた山本さん。全てが忘れることのできない山本さんだ。山本さんに「ご馳走様です」と言うと、いつも山本さんは「全然、全然」とこちらを見ずに言った。

僕は数年前から「若手レスラーのタニマチか」と囁かれるほど後輩達に焼肉を奢るようになった。後輩に会えば焼肉を奢る。狂信的なまでに後輩達に焼肉を奢るという行為に執着している。そうなったのは、この時期の山本さんを見ているからだ。そして、後輩に「ご馳走様です」と言われたら、いつも僕は「全然、全然」と後輩を見ずに言う。

ルミネに付随する想い出は沢山ある。二〇〇三年の八月末に線香花火というコンビの解散を発表したのもルミネの舞台上だった。ネタの対戦形式のライブで、最後の対戦相手はピン芸人だった綾部祐二だった。

その約一カ月後の十月には、その綾部とコンビを組みピースとしてルミネの若手が一分ネタを披露するゴングショーの舞台に立っていた。ピースとしての初舞台は、あくまでも狭い世界での話だが、芸歴が近い芸人達から注目され、舞台袖には沢山の芸人が集まった。しかし、皆の期待を裏切り、あまりに平凡なネタを披露してしまった。その後も、最初の方は僕達の出番の度に芸人が袖に集まってくれたが、全然良いネタができず日に日に舞台袖から人が消えて行き、しばらくすると僕達は誰からも注目されなくなった。普通にネタの出番が貰えるようになるまでは二年近くかかった。

そんなルミネに十年以上立たせて貰っている。忘れられないライブも数多くある。ライブのエンディングで舞台上に出演者が全員並び、順番に箱から座席番号が記されたチケットの半券を一枚引き、当選したお客さんにライブのチケットをプレゼントするコーナーがある。芸人は箱から半券を引いて読み上げるのだが、普通には読まず必ずといって良いほどふざける。半券を大量に引く者、中々チケットを引かない者、箱に怯える者、それぞれやり方はある。その日、僕は一番最後に箱に手を入れた。皆が散々ふざけ倒した後だったので、なにを言おうかなとぼんやり考えながら、半券の番号をまじまじと見つめ読み上げる雰囲気で、「え〜と、当選者はいつも僕達のライブを支えてくれている音響さんです」と言った。

するると、それまで会話の邪魔にならない程度で静かに流れていたBGMの音量があきらかに激しく増した。音響さんが、アドリブで音響さんならではの演出で喜びを表現してくれた。お客さんは、音響さんの反応の速さとサービス精神に大いに沸いた。

僕は、「すみません、読み間違えました」と謝り、「読み直します。え〜、いつも僕達のライブを支えてくれている照明さんです」と言った。

すると、ほんの一瞬だけ照明が暗くなり、次の瞬間美しい赤いライトが舞台上でフワッと鮮やかに交差した。もちろん、照明さんの派手なアドリブの演出にお客さん達は大いに沸いた。僕にとっては忘れられないライブになった。

劇場は芸人だけのものではなく、舞台監督、音響さん、照明さん、大道具さん、制作さんなど様々なスタッフに支えられて成り立っている。そしてなにより、お客さんに入っていただいて、ようやく舞台は幕を開ける。

八十三 ✿ スカイツリー

スカイツリー。キミどこからでも丸見えで恥ずかしいことになってるよ。大きい怪獣出て来たら真っ先に狙われるよ。雨降りの時のキミは趣があって良いけど、快晴の時のキミは潔(いさぎよ)過ぎて、見上げてるこっちが恥ずかしくなるよ。なんかキミを見ていると、本人は迷子になってるのに、大きくて目立つから皆の待ち合わせ場所にされている哀れな男みたいに見える。でも良いよ。キミ。僕みたいに隠れてなくて。

八十四　六本木通りの交差点

遅刻するかしないか際どい時間だった。とりあえずタクシーに飛び乗った。正確には傍から見ると至って平凡に、なんだったら他の利用者よりもゆっくりと慎重に乗り込んでいたのかもしれない。この期に及んでもなお、焦っている姿をさらすのはみっともない、などと考えてしまうから厄介な性分だ。余談だが学生時代のマラソン大会でも人とすれ違う時は呼吸を止めて全く疲れていないふりをした。そしてちゃんと呼吸困難で倒れそうになり、結果鼻の穴を膨らませ醜態を大衆の面前でさらした。

運転手に、「お台場までお願いします」と行き先を告げた。運転手は静かに頷いた。その様相から運転手が寡黙な仕事人であることは容易に推測できた。渋谷から六本木通りを進み青山付近の交差点で赤信号に止められた。前方はとてつもない車の列。信号が青に変わっても僕の乗るタクシーは進めないだろう。やばい。悪い方の意味でやばい。車で移動している時に渋滞に巻き込まれると、下腹部から涼しいなにかが胸に向かってこみ上げ、酷く焦る。このままでは遅刻だ。僕はクビになるかもしれない。その時、運転手が低く冷静沈着な声で「お急ぎですか？」とつぶやいた。地獄に蜘蛛の糸が垂れたような心地。地下牢に春の柔らかな風が吹き抜けるような感覚。救いはあった。「実は急いでるんです」と僕は答えた。運転手は無言で右にウィンカーを出した。玄人だけが知る裏道で行くようだ。この人に任せたら間に合いそうだ。タクシーがなめらかに右折した。しかし、右折した先にも車の列。運転手は焦らず、最初からそうすることに決めていたかのように左にハンドルを切り、細い道を進んで行く。

そして突き当たりをスムーズに左折してスイスイ進み、大通りに当たると手際よく左折して、すぐに慣れた手つきでUターンした。顔を上げて前を見ると、さっき運転手が「お急ぎですか？」とつぶやいた交差点に戻っていた。怖かった。この数分間の無意味なドライブは一体なんだったのか。なぜ達人の雰囲気を出していたのか。運転手は無言でハンドルを握り前方を見つめている。僕も前の助手席に両手を置き無言で前方を見つめていた。ここは魔界の入り口だろうか？

八十五 ✿ 麻布の地下にある空間

人見知りには、ある程度の才能と根性が必要だと思う。自分には才能も根性も不足しているから人見知りを貫くことはできない。人と関わることは確かに怖い。しかし、人と関わらないと確固たる意志を示すことは更に強い恐怖をもたらす。「人見知り」という言葉は、曖昧な部分が多い。実際には世の中のほとんどの人が自身の中に人見知りを内包しているのではないかと思う。誰彼構わず関係性を瞬時に築ける人の方が稀有だろう。ただ多くの人が、人見知りを貫くだけの勇気と気力が無いのだ。自分から見れば人見知りは生き難いかもしれないが羨ましくも感じられる。苦しいながらも孤高の人としての誇りを持つことは生きる糧になるだろう。本当の地獄というのは必ず孤独の中ではなく、社会の中にある。人と関わった先にこそ地獄はあると自分は思っている。だから人間が嫌いかというと全くそんなことは無い。むしろ自分は人間が大好きだ。僕が今まで好きになった人間は一人残らず人間だった。僕の両親も兄弟も人間だった。だから人間は大好きだ。そんな風に人間を客観的に捉えたように書くと自分が妖怪かなにかのように思えて来るが、人間に対して自分は常に主観でしか捉えることができない。無論自分も人間である。怯えながらも飛び込んだ社会の渦の中に自分を救う菩薩が居たこともあった。だから絶望することは無い。

とはいうものの自分が誰とでも上手く会話ができるかと問われると、それも違う。人によっては「お前と人見知りとの差異は？」と眉間に皺を寄せる者もあるだろう。なぜなら人見知りを自分も内包しているから。また便宜的に自身を「人見知り」と表現することも過去にはあった。今後は極力やめようと思う。人見知りとは所作のことだ。「あくび」などと一緒で一人の人間が終生背負う名詞ではない。とにかく、自分などにはどの観点から見ても良い按配で掬ってくれるザルが用意されていない。どんな小さな網目からも零れ落ちてしまう面倒で厄介な存在である。

そのように若い頃より自身のことを自覚している。括られて堪るかという気持ちもあった。あくまでも括るのは人であって自分であってはいけないと思っている。囲いを意識した途端に自分をそこに落とし込もうとする意識が生まれる。そんなものは到底自然ではないし本来の自分ではなくなる。意識し過ぎることが自分である。と考えたこともある。それも一理あるが、そんなものは簡単に剝がせるようにしとかなければならない。

つまり、自分は断固「媚びへつらわない」という信念を持っているわけではない。それで得しようとは思わないが、誰かが気持ち良くなることは悪いことではない。上手くできないだけなのである。たまに上手く会話が成立し上手く場を盛り上げることに成功すると「お前のどこが人見知りなんだ」と得意気に揶揄したがる輩が少数だがおられる。便宜的な表現の挙げ足を取られているわけだから、こちらにも簡単に済ませようとしてしまった責任がある。しかし、意外にも僕の胸中には「想像力が欠落した豚は黙っていろ！」という蛙跳びアッパーの如き暴言がある。

見たものを、そのまま本能的に言うのは動物である。いや「本能」とか「動物」という言葉を使うのも口惜しく感じる。「本能」や「動物」はもっと尊いものであるし、その神秘性や底知れなさには強い魅力がある。

ここでいう「豚」というのは人間社会で漫画的にデフォルメされきった知性の欠片、純粋性の名残さえも見受けられない者に対して使う自分なりの素朴な暴言である。

悪意の無い純粋性と経験の無さに起因する単純な思考だと言い訳する者もあるかもしれないが、相手を思いやる心はどこにあるのか。そのような行動を相手が取るに至った経緯を想う想像力はどこにあるのか。自分にとって「心」と「想像力」を放棄した者は例外を認めず「豚」なのである。

そして、そのような豚と対峙する時のみ自分も同じように「心」と「想像力」を放棄して豚に成り下がってしまう。これは止めようにも止められない。憎しみ以外の感情が一切湧いて来ないから恐ろしい。

このような長い前置きを述べてまで記しておきたいのは、先日酔った勢いで誘われるまま若者が音楽をかけて踊るクラブという場所に行き、痴態を演じたことだ。もっとも自分は生まれて初めて酒で記憶が飛びなにも覚えていない。緊張もしていたし、誘って下さった皆様の厚意に報いたかった。結果ご迷惑をお掛けしてしまった。初めての環境に対応しようとした自分には「それで良い」と言いたい。記憶を無くした自分に対しては「情けない。身の丈に合った暮らしをしろ」と言いたい。

翌日、一緒にいた人達に謝罪したら「なにも問題は無い」と優しかった。豚だけが「お前のどこが人見知りなんだ」と言った。朝起きてベッドの脇にあったエスプレッソみたいな吐瀉物を豚に見せてやりたい。

八十六 ❦ 銀座の老舗バー『ルパン』

太宰がスツールに座り足を上げて誰かと会話しているような有名な写真がある。その撮影現場が銀座にある老舗のバー『ルパン』であると知ってから、ずっと行ってみたいと思っていた。銀座のみゆき通りから一本路地に入り、古い建物の階段を降りるとルパンはあった。扉を開けると店内は薄暗い照明で重厚な趣があった。写真で見た風景がすぐに眼に入った。壁にルパンで撮影されたものと思われる大きな写真が三枚あった。

「太宰治、坂口安吾、織田作之助ですね」と僕が言うと、年配のマスターが「お客さん、大阪の人でしょ?」と言った。僕が頷くと、マスターは「太宰と安吾まではみんな解るんだけどね、織田作は大阪の人しか解んないんだよね」と仰った。

織田作之助は太宰と同時期に大阪で活動した作家だ。しかし、現代では大阪に住んでいる人間でもあまり織田作のことは知らないらしい。ちなみに僕は『競馬』、『青春の逆説』が大好きだ。

二度目のルパンでは、お酒を呑んだ。一人では怖かったので芸人の先輩と後輩を無理やり連れて行った。坂口安吾はゴールデンフィズという卵黄入りの酒を好み、太宰はウィスキーをストレートで飲んだらしい。

僕は太宰の真似をしてウィスキーをストレートで飲んだ。皆が感想を求めるような眼で僕を見たので、「これは太宰ですわ」と軽薄なことを言ったら、「お前になにが解んねん」と皆に言われた。

八十七　蒲田の文学フリマ

中村文則さんのサインが欲しい。みいはあな自分を嫌悪しながらも、そんな感情を捨てることができなかった。処女作の『銃』という小説から最新作まで、自分の人生と重ね合わせて読み続けて来た。それが正しい小説の楽しみ方なのかは解らないが、個人的には救われて来た。

読者として幸運なことに、というよりも、本当に僭越ながら対談をこころよく受けていただいたこともあり、中村さんの作品に対する感想を雑誌に寄稿させていただいたこともある。今では読者としてだけではなく、仕事上でも大変御世話になっている。しかし、もともと僕は熱狂的な中村文則読者であり、その気持ちは今も変わっていない。お目にかかる度に、平静を装い挨拶などしているが、心の中では「おお！　中村文則だ！」と絶叫しているのである。だが、サインは貰えない。迷惑だろうし、実際に真正のファンに違いないのだが、そういう関係にはなりたくないのだ。なんか一方的に相手を思う、愛人の弁のようになってしまったが、本当にサインが欲しかった。そんな時に蒲田で開催される文学フリマの会場で中村さんのサイン会が開催されると聞いた。大チャンスだ。あくまでも偶然、蒲田に立ち寄ったら、文学フリマというのがやっていて、なんとなく入ってみたら、偶然にも中村さんのサイン会がやっていたので挨拶ついでに並びましたという設定で行けば良いのだ。恥ずかしくない完全な理由ができた。

そして知人と共謀して、蒲田の文学フリマの会場に向かった。学校の体育館の何倍もあるような広いホールに、所狭しと本を売る人達が並んでいた。みんな自分が書いた作品を売っているのだ。中には、歌人の枡野浩一さんもブースを設けて歌集を販売されていた。緊張しながら枡野さんの本を買った。会場を歩くと、色々な人が本をくれたり、くれるのかなと思って手に取ると「二百円です」と言われたりした。僕と知人は、中村文則さんのサインを貰うために訪れた文学フリマを純粋に楽しみ始めていた。

そしてサイン会の時間が近づいて来たので僕達はサイン会が行われる別の部屋に移

動した。僕のイメージでは各ブースに作家さんが並んでいるのだと思っていたら、長机に有名な作家さんが一列に並んでいた。阿部和重さん、朝吹真理子さん、川上未映子さん、もちろん中村文則さんもいる。汗が吹き出して来た。好きな作家がこんなに沢山並んでいる。この列に並んで、順番にサインを貰うのは緊張もするし恥ずかしい。当初予定していた、「偶然立ち寄った雰囲気で中村さんに挨拶をしに来たらサイン会だった」という作戦は失敗だ。というより、そんな軽い調子で中村さんに挨拶なんてできないし、やはり蒲田の文学フリマまで来ておいて偶然というのは無理があり過ぎる。そして、なぜか知らないけど迷いながらも列に並んでいる僕は文学フリマ実行委員の方々に大きなカメラで写真をパシャパシャ撮られている。

もうここは居直るしかない。そもそも僕は自意識過剰なのだ。誰も僕になんか注目していない。順番にサインを貰った。凄いぞ。凄い作家ばかりだ。

中村さんは僕を見て少し驚かれているようだった。そして「又吉くん、目立ってるよ」と笑いながら、仰った。

八十八 ✿ 目黒区碑文谷アピア40

二〇一二年の大晦日にポッンと時間が空き、竹原ピストルさんが出演するライブがあると聞いて碑文谷のライブハウスに行った。

竹原さんのライブ中に「こんな時だけ来やがってよ……」と隣りの男に舌打ちされた。そんなことが、気になるような、あなたが、今までの、人生で、得た、全ての、感動に、勝る、一秒を、今、俺、体感してるから、安心して、下さい、と思った。

そんなことより、竹原ピストルさんの歌は本当に素晴らしくて、アピア40も本当に素敵な空間だった。このような環境で一年を締め括れて幸せだと思った。

八十九 ❦ 青山霊園

港区にアパートを借りようと内見したことがある。しかし、窓を開けたら見渡す限りの墓地が広がっていた。

内見に同行していた不動産屋は、窓の外を見ている僕のそばに来て「春なんか、桜が綺麗で最高ですよ」と言った。その前にお墓をどう心の中で処理しようか。結局そこには住まなかった。

昼間に青山霊園を歩くと、爽やかな風が吹いていて、とてもお墓とは思えない。志賀直哉の墓や忠犬ハチ公の碑がある。

九十 ✿ 六本木ヒルズ展望台からの風景

ホームで電車を待っていると、線路に落ちたらどうしようと突然不安になることがある。特急列車がホームを通過して行く時にも引力のようなものに引っ張られる感覚がある。後ろから誰かに押されたらどうしようと恐ろしくなる時もある。そんなことを一人で考え、誰もいないホームで一歩、後退り（あとずさ）りする。

公園でカップルが楽しげにバドミントンなどしている光景を目にすると、女がラケットを強く振り過ぎて自身の膝を強打し、もんどり打って顔面から地面に叩きつけられ鼻から血が吹き出しそう、と思えて落ち着かない。「血が吹き出すかもしれない」ではなく、「血が吹き出しそう」という感覚で心に迫るから無視もできず、公園を立ち去るはめになる。一度そういう状態に陥ってしまうと、もうなにを見ても最悪の事態を想像して怖くなる。出窓に置かれた陽に焼けた古い人形を見ただけで、「この部屋の住人は殺人鬼だ」と思えて仕方がない。

そんな時に、よりによってタトゥーショップの看板を見てしまった。奴が静かに近づいて来る。恐怖だ。恐怖が僕に忍び寄る。いきなり屈強な男達に取り押さえられ、取り返しのつかないような変な刺青(いれずみ)を彫られる。その想像だけで体温が下がるのか身体が震え鳥肌が立つ。

二の腕に、大嫌いな奴がアヒルロでおどける笑顔を彫られるぞ！　背中一面に、『ここに綴る物語を誰にも捧げず、今宵の酒の肴にしよう（詩作の砂漠にて）』という、無性に腹が立つ前口上から始まる、知らんオッサンの私小説を彫られるぞ！　左胸に、第三十五回百人一首大会北信越地方予選のトーナメント表を彫られるぞ！　それを参加者達が対戦相手を確認するため見に来るぞ！　逃げろ！　逃げろ！　僕の脳内で警鐘が鳴り響く。彫刻刀で心臓を刺されるような痛みが走る。

僕は屈強な男達に引き戻され、無理やり台の上に寝かされる。なぜか覚悟を決めた僕は、胸から首にかけて龍を彫られることになる。彫り師はどことなく頼りない初老の男だ。痛みを我慢して時間が過ぎるのを待つ。彫り師が、「すみません……」と言うので、完成したのかと思い目を開けると、「ちょっと、龍を大きく彫り過ぎちゃいまして、このまま龍の爪まで描くと、鼻の横辺りまで来ちゃいますけど大丈夫ですよね？」と言う。全然大丈夫ではない。そんな奴は見たことが無い。「いや首でおさめて貰わないと困りますよ、雲かなんかで隠して下さい」、「解りました。そうしますと鼻から下は灰色でスカーフ巻いてる感じになりますけど大丈夫ですよね？」、「調整できないの？　じゃあ爪を折ったら良いでしょ」、「爪を折ったら龍が可哀想じゃないっすか！　それは、できません！」

恐ろしい。なぜ刺青の龍をそこまで思いやれるのか。恐過ぎる。まだ途中の龍が僕の皮膚から飛び出し、彫り師の首に巻きつく。「退散せよ」と龍が叫ぶ。僕は必死で逃げる。いつの間にか六本木に迷い込んだ。一番恐ろしい街じゃねぇか。逃げ続けて真ん中に来てしまったよ。六本木ヒルズの高いとこに昇ったら綺麗な東京の夜景が一望できた。一息ついたら、また奴が来た。

「ここから見える東京の全ての人がお前の命を狙ってる」

どこにも逃げ場は無い。

九十一 ✿ 車窓から見た淡島通り

構成作家の大塚くんと二人でタクシーに乗り下北沢に向かっていた。次のライブでコントをやろうという話になり頭に思い浮かんだことを話してみた。

「シリアスな場面やねんけど嘘をつく時だけ幼児言葉になんねん……」大塚くんは静かに頷いているので、僕は言葉を続けた。「物語は感動的に進行するんやけど、少しずつ幼児言葉が混ざって……」僕はコントの登場人物のセリフを言いながら説明を続けた。「『僕は二人の幸せだけを望んでるんでちゅ』、『キミだけを犠牲にはできないでちゅ』みたいな感じで、みんなが嘘つく頻度が増して行くんやけど、その辺りでヤンキー集団が登場して『おい！　えらいカワイイ女連れてんじゃないでちゅか！』、『カワイイでちゅね！』言うて女を囲んで、ほな男が『やめろ！　その娘を口説くなら僕を殴ってからにするでちゅ！』って言うてたら、そこにオッサンが登場して『河童に靴を盗まれました』って、ちゃんと言うねん」説明を終えたが、僕が全力でプレゼンしているのにタクシーの運転手さんが全く笑っていないのが少し気になった。不安になり大塚くんに「どう?」と聞くと、大塚くんが「良いでちゅね」と言った。あっ、全然良いと思ってない。

その瞬間、運転手は「ガハハッ!」と爆笑。芸人の僕ではなく、作家の大塚くんで笑った。窓の外は淡島通りで、もうすぐ下北沢だった。

九十二 ✿ 田端芥川龍之介旧居跡

田端文士村記念館で芥川龍之介の動画を観たことがある。芥川がカメラ目線で微笑んだり、木登りをしている様子が映っていた。芥川の動画があることに違和感を覚えた。そして、想像よりも活動的な雰囲気を感じることができた。僕は木登りする芥川に「良いぞ！　芥川！」と喝采を叫びたい気持ちで観ていた。

駅前から少し離れた場所に旧居跡がある。芥川が描くスパークする刹那の輝きに強く惹かれる。完全は一瞬にだけ宿るのかもしれない。

九十三　湯島天神の瓦斯灯

どこにも行けなかった夏。夏らしいことをなにもできなかった夏。なにか一つでも夏を越した証を残すために、無理に買った花火さえ一緒にやる人がいない。そんな八月の最後の日に、嫌がらせのように時間が空いた。どこに行こうか、なにをしようか？　とりあえず腹が減ったので、上野『精養軒』のハヤシライスを食べに行くことにした。漱石や鷗外の小説に出て来る、あの精養軒だ。なんか良さそうじゃないか。そう思うと、すっかり心が浮かれてしまい、僕は頭にターバンを巻き、奇妙な和柄のカンフー着という統一感絶無の無国籍コーディネイトで意気揚々と家を出た。もちろん、その時の僕は、インド、日本、中国の要素が混濁した雰囲気が気に入っていたのだ。

精養軒で、「早瀬さん！」と僕の偽名が呼ばれて席に着き、ハヤシライスを注文し食べた。旨味が凄かった。外に出ると、警備員の中年男性達が、僕を指差し、両手でモジャモジャの髪を表現していた。「ターバンで隠してるが、モジャモジャの髪の奴だよ」と身振りで仲間に伝えているのだろう。急にターバンが恥ずかしくなった。

折角、上野まで来たのだから美術館に行こうと思い、東京都美術館に向かった。マウリッツハイス美術館展が開催されていて、フェルメールの『真珠の耳飾りの少女』という絵が日本に来たらしい。それを見ようと思った。

館内は人が多かった。フェルメールには有名な贋作がある。ある画家が、自分を認めない美術界に復讐の意を込めて、周到にフェルメールの時代と同じ十七世紀のキャンバスや画材を使い、フェルメールが描いていない宗教画を作製し、没落貴族から譲り受けたという触れ込みで、熟練の鑑定士をも騙して美術館に高値で買わせたらしい。

それは、もはや本物とか偽物とかじゃなく、ひょっとするとフェルメールよりも激しい情熱で描いたんじゃないかと思う。復讐は成功したのだろうか？　贋作が売れた時、満足できたのだろうか？　自分の絵も描いていたのだろうか？

色々事情があるのだろうけど、高い技術と屈折しまくった情熱が描いたオリジナルの絵を見てみたい。そんなことを考えていたら、『真珠の耳飾りの少女』のフロアに着いた。『二十五分待ち』という札が立てられ長蛇の列ができていた。係員の人が、「並んでいただいた方には目の前で見ていただけますが、歩きながらの鑑賞になります。並ばずに鑑賞される方は、その後ろからゆっくりと鑑賞できます」と言っていた。

僕は並ばず、すぐに、ゆっくりと鑑賞できた。三十センチ前で次々と人々が流されて行く。絶対に並ばない方が得だと思った。『真珠の耳飾りの少女』は頭になにかを巻いているのだが、それはインド人やトルコ人が巻いているターバンだと言われているらしいという解説があった。ターバン。ターバンを巻きながら、ターバンを巻いている少女の絵を観ている自分。ターバンの大ファンみたいになっていやしないか？そう思うと再びターバンを巻いて来たことが悔やまれた。

美術館を出ると、夏が終わりかけているような焦燥に駆られた。少し歩き、湯島天神の近くにある『みつばち』という甘味処で、かき氷を食べた。ようやく夏らしいことが少しできたと思いささやかな幸せを感じた。

外に出ると夕暮れ。折角だから湯島天神に参ろうと思い、なんとなく方向を決めて歩いた。神社らしき石垣を見つけたので、そちらを目指して歩いていると、インド料理の店が丁度看板を出すところで、店から出て来たターバンを巻いたインド人の男が、僕のターバンをじっと見て、「ナマステ」と言った。嘘みたいなタイミングだった。一応、「ナマステ」と返事をした。

湯島天神の急な階段を上ると、早速、泉鏡花の『婦系図（おんなけいず）』に出て来る瓦斯灯があった。おお、これか。というか、これが瓦斯灯か。かなり趣があるが、見た目は電灯と大差無い。「俺を捨てるか、恥を捨てるか」という声が聞こえて、一瞬ハッとしたが頭に巻いているターバンが言っているらしかった。せこいが、ターバンも恥も捨てたくはない。だが、今日のところは脱がして貰おう。一旦、お別れだ。そう思い、ターバンに手を掛けると、「切れるの別れるのッて、そんな事は、芸者の時に云うものよ。……私にゃ死ねと云って下さい」とターバンが言った。ターバンの癖に妙に艶（なまめ）かしい。

夏のあいだ、火をつける機会が無かった線香花火が鞄にあった。暮れなずんでいた陽がようやく落ち、瓦斯灯が境内をほのかに照らした。線香花火に火をつけると、じりじりと火花が風景を剝がし、その下に描かれた秋を浮き彫りにした。もう贋作の夏さえも終わろうとしている。瓦斯灯がチカチカと点滅していた。

九十四　湾岸スタジオの片隅

スタジオの一角に並べられた椅子に本番前の出演者達が座っている。黒髪の長髪に黒いシルクハット姿の綺麗なお顔をした男性が隅に立っていた。独特な風貌に眼を奪われた。ネガティブモデルと称される栗原類くんだった。自分で言っているのではなく誰かが勝手にそう呼んでいるだけだ。もう一度、類くんに視線を戻すと先程いた場所から忽然と消えていた。次の瞬間、背後に気配を感じ、振り返ると、そこに類くんが立っていた。類くんは僕に近づき、「又吉さん、もしよろしければ肩をお揉みしましょうか？」とつぶやいた。予期せぬ一言に吹き出してしまった。

また別の日、『笑っていいとも！増刊号』の打ち上げが湾岸スタジオで開かれた。僕と類くんが隅で話していると、みんなが「似たようなのが話してる」と笑った。すると、類くんは僕の耳元で「どうやら僕達、暗いと誤解されているようです」とつぶやいた。類くんに話し掛けられると嬉しい。純真で可憐で個性的で非常に面白い。

類くんが出演する舞台を観に行った。僕は芝居のことはよく解らないけれど、素人目にも凄まじいものを感じた。怪演と言うのだろうか。かなり日常から逸脱した難しい役だったと思うのだが、完全に別人格が憑依(ひょうい)しているようで、観ていて怖さを感じるほどだった。身体がしなやかで大きく動くのに、表情は繊細でとにかく圧倒的だった。

帰りに挨拶に伺ったら、「お忙しい中、ありがとうございます。お気をつけてお帰り下さい」と初めてお会いした時と同じように丁寧だった。自分も見習おうと思った。

九十五　新宿五丁目の文壇バー『風花』

二〇一二年の春。僕が尊敬してやまない古井由吉さんが、御自身の自撰作品集刊行を記念し朗読会を開催されると聞き、居ても立ってもいられなくなり、初めて新宿五丁目の文壇バー『風花』に行った。店は広くはないが時代が濃縮されたような空気が漂っていた。

渡された整理券の番号に座るとカウンターの席だった。開演時刻が迫ると少しずつ客が増え、それぞれが着ているジャケットに付着した春の夜の匂いが店内に充満した。朝吹真理子さんの艶やかに透き通った声で朗読会は幕を開けた。言葉が液体のように浸透して来た。島田雅彦さんは渋みのある声で、物語の映像を脳内に現出させてくれた。作家本人の声で読まれる文章がこんなにも面白いとは思わなかった。

そして古井さんが登場され、僕の正面にお座りになられた。古井さんは僕を見つけると「またさん来てたんだ」と声を掛けて下さった。予期せぬ一言にハッとした。それまでも雑誌の対談で御一緒させていただいたのと、紀伊國屋ホールでのトークショーを見学に行った際、その楽屋でお目に掛かり御挨拶する機会をいただいたこともあったので、面識はあったのだが、舞台上という状況下において行きつけの酒場で偶然会った時のような言葉を掛けて下さったことに驚いたのだ。

舞台に上がる芸人と観客のあいだには、言葉では説明できない境界がある。舞台に上がる当事者は眼に見えない法衣を身に纏(まと)い、その力によって日常と乖離(かいり)した舞台という場に立てるのだ。その霊力によって衆目に負けず、人前でも声を出せる。そう思っていた。

しかし、古井さんは眼に見えぬ法衣など着けず裸で舞台に上がられていた。舞台と客の関係性に日常を放り込めるというのは特殊な能力だと思う。日常でも文章上でも境界を軽々と越えられる方なんだと改めて思い知らされた。

古井さんはマイクに声を通し、「私はまだ生きてます」という御挨拶をされた。思わず一番前で声を出して笑ってしまった。

いつだったか、昔の作家の亡くなった年齢の会話になると、最近は「古井はいつだっけ？」と没した作家の方に入れられ噂されていると、御本人が笑いながら話してくれたのを思い出したのだ。

古井さんの朗読は独特な温もりがあり、なにかに反響しているように声が重なって聴こえて来た。密閉されたマンションではなく、隙間風が吹く風通しの良い日本家屋のように聴き手を落ち着かせる声だった。当然のことではあるが、古井さんの文章は聴けば聴くほど古井さんの文章だった。初めての『風花』に緊張しながらだったが楽しい体験ができた。

「私はまだ生きてます」という古井さんの言葉が忘れられない。初めて古本屋で買った『杳子・妻隠』の文庫本を読み、その小説に驚嘆しながらも、昔の作家なのだろうと勝手に決めつけ、誰と同時期の作家なのだろうなどと考えていた二十代の僕にも、その言葉は響いているようだった。いつか僕も舞台で言ってみたい。

「私はまだ生きてます」或いは、「先日、蘇りました」。

九十六 ✿ 首都高速から見る風景

首都高速を走る。天現寺入口の坂道をのぼる時、車体が傾きバックシートに体重が掛かる。重力から解放されると視界が開ける。車はスピードを上げて、お台場を目指して走り出す。左手に東京タワーが見える。一ノ橋を抜けてレインボーブリッジが見えてきた時の爽快感。でも僕は運転免許を持っていないから後部座席。

良かった日も、最悪だった日も首都高速を走って家まで帰る。ライトアップされた東京タワーは優しい。でも僕は後部座席。

九十七　梅ヶ丘『リンキィディンクスタジオ』の密室

思春期の頃から、ライブに頻繁に通い詰め夢中で聴き続けて来たロックバンドの方と対談する機会をいただいた。

僕は十代の頃から今日まで音楽や文学に随分救われて来た。だが、あくまでも救われたくて向き合って来たわけではなく、楽しもうと思って触れてみたら期待を遥かに越える強い力がそれらにあって、自分に刺さり身体の内部で爆発を起こし、その結果期せずして救われる。その連続だった。

だから、お会いしたらお礼を言おうと思っていたのだが、例のごとく緊張してしどろもどろになり、お礼どころか随分と迷惑を掛けた。「おのれがファンで対談の機会を折角いただいたのに、なにを黙り込んで相手様に話を引き出して貰っているのだ、貴様は中学生か！」と僕の中にいる常識から叱責を受けながらも、まだ緊張していて、だけど嬉しくて、日常の声も恰好良いんだなと感心していた。

お酒を呑みながらの会で良かった。酒量が増して幾分気が大きくなったのか楽しくて帰りたくないなと思っていたら対談終わりに「ゴールデン街に行こうか」と誘って下さった。

そこからは、本当に楽しく不思議な時間だった。夜が更けきった頃、その方が「又吉君は、話せば話すほどギブソンのレスポールを持っている人やね」と仰った。僕は音楽を聴くばかりで知識が全く無いのだが、おそらくエレキギターのことだろうと思った。楽器を手に取った経験が無いことをお伝えすると、「ギブソンのレスポールやね。似合うな」。

「ギター弾けたら恰好良いなという憧れはあるのですが……」と僕が言うと、「弾けば良い、感傷を抱えて生きて来た人間にはエレキギターの音を聴くことは重要や」と仰った。

「ギブソンのレスポール。二十二万五千円するけどね。アンプに繋ぐコードも五百円くらいで買わんといけんけどね」

「やっぱり高いんですね」

「でも、又吉君はギブソンのレスポール二十二万五千円だな」と仰った。なにか凄く嬉しかった。

「解りました。明日買いに行きます」

「うん。自分でスタジオに電話予約しないといかんけどできる？」

「できます」

「うん。で、アンプに繋いで、もうコードなんて関係無いから、爆音でギャインよ」

「はい」

「その音を聴けば良い、……良いぜ」

ちなみに、やはりギブソンのレスポールを使っているのかを聞いてみると、その方は「いや、私はテレキャスター三万六千円」と仰っていた。帰り道、一緒に花園神社に参った。

翌日、僕はギブソンのレスポールを買いに行った。レスポールが恰好良過ぎて凄く恥ずかしかった。そして、絶対に知り合いと会わない場所にしようと思い、梅ヶ丘のスタジオに予約の電話を入れ一人で行った。凄い緊張している癖に僕は妙に恰好をつけていた。初めての癖に受付でも、「ここはこんな感じなんだ、普段は別のスタジオで練習してるもんで」というような表情を作っていた。黒くて重い防音の二重扉を開ける時も、取っ手を下に回して引くのか、そのまま引くのか解らず、手こずりながらも、表情は「いつも儀式としてわざとガチャガチャやってから入るんです」というような澄ましたというより、少し不機嫌な顔をしながら開けて、わざと二重の扉のあいだでメールチェックをしたりした。これは、焦っていることを悟られぬよう、わざと時間をかけて余裕の背中を見せるという自意識が肥大した人間が使う高等テクニックであり、人間としては最もダサい行為である。

そして密閉された空間に入ると、急に動きが速くなり、すぐにレスポールとアンプを繋ぐと、アンプの音量を上げた。金属音のような甲高い音が部屋に響いた。構わず、思いきってピックで弦を弾いてみたら、「ギュギュギュギュイーン!」と鼓膜が破裂するほどの爆音が鳴った。凄げぇ! 凄げぇ! 凄げぇ!

「ギュギュギュギュイーン! ギュギュギュギュイーン! ギュギュギュギュイーン!」

何度も何度も音を鳴らした。中学生が掃除の時間にホウキでやるように、コードなんて全然解らないのに適当に指で押さえたりして何度も何度も弦を弾いた。その度にギターは僕を裏切らず爆音を響かしてくれた。スタジオの密閉された空間が歪んで見えた。

「ギュギュギュギュギュギュイーン！　ギュギュギュギュギュギュイーン！　ああああぁぁ～!!　ううううぉぉ～!!」

僕は思いっきり叫んでいた。エレキギターって凄げぇな。全部捨てよう。無駄な自意識なんて捨ててしまおう。ダサくて大いに結構だ。最高だ。最高の夜だ。

「ギュギュギュギュギュイーン！　ギュギュギュギュギュイーン！　うううううぉぉ～!!」

帰りに受付で、先程まで吠えていたとは思われないように澄ました表情で会計をしている自分を客観視して、つくづく面倒臭え奴だなと思った。自意識って不死身なんやね。

九十八 ✿ 品川ステラボール

後輩芸人に新しいコンビ名を考えて欲しいと頼まれた。仲が良い後輩だったので引き受けた。だが、人様の名前を簡単につけることはできない。その後輩を誘い二人で何日間か行動を共にした。本人達に最も適した名前をつけるには、本人を知らなければならない。なにより時間があり余っていて、その後輩と遊びたかったということもある。先輩として野暮なことを言うが、「憧れられているぞ」という実感があった。僕の言うことに深く頷くし、深刻な相談も頻繁に受けた。しかし、それは裏を返せば期待され過ぎているということでもある。本来、僕は人様に名前をつけて良いような器ではないのである。だからこそ真剣に考えた。後輩に合う言葉が降りて来る瞬間を待った。一緒に遊び始めて二日ほど過ぎた頃に、その瞬間が来た。

「できたぞ」と僕が言うと、「なんですか?」と後輩は眼を輝かせた。

僕はゆっくりと間をとり雰囲気を作って「ウルフ」と言った。

「いやです」と後輩は即答した。

僕は大いに戸惑った。断られる場合もあるのか。全権をゆだねられていたわけではなかったのか。それまでも真剣に考えてはいたが、そこからは命懸けだった。

大前提として暗い名前はやめようと思った。僕が十代の時、自分のコンビにつけた名は『線香花火』だった。色々な人から「暗い」、「縁起が悪い」とお叱りを受けた。線香花火の意味を辞書で引くと「一時的ですぐに勢いの無くなるもののたとえ」と記載されていた。それは、芸人にとって最も恐ろしい言葉だった。そして言霊の仕業か実際に『線香花火』は短い活動期間で解散した。だから後輩には、破格に縁起の良い名前をつけようと思った。

十日ほど考えて、ようやく言葉が降りて来た。誠にめでたい名前だ。しかし、どうだろう。審査の厳しい後輩は受け入れてくれるだろうか。覚悟を決めて「できた」と僕は言った。すると後輩は「なにが？」という顔をした。僕と遊んでいる状態に慣れ過ぎて、そもそも僕達が、なぜ遊び始めたのかを忘れてしまったようだった。

「コンビ名……」と僕が言うと、後輩は「そうだった」という表情を浮かべ「なんですか?」と言った。僕は緊張しながら、「寿ファンファーレ」と言った。すると後輩は、「あっ、良いですね!」と好印象だった。

僕はオーディションに合格したような喜びと安堵を感じていた。すると後輩は、「僕達も二人で話してた時に『寿』という言葉は入れたいって言ってたんです」と言った。そんな奇跡的な符合があるのだろうか? 相方の方にも、『寿ファンファーレ』に決まったと連絡したら、やはり同じようなことを言っていた。

それから彼等は舞台を中心に活躍した。僕にとって彼等はライバルでもあるが、彼等がネタ番組に出演した時は興奮した。僕みたいな芸人が批評なんてできないのだけど、いつも彼等は僕を笑わせてくれた。

『寿ファンファーレ』にコンビ名をつけてから数年が過ぎた。ある夜、僕は彼等に呼び出された。コンビを解散するという報告だった。迷いはしたが、一人の結婚が決まり色々と悩んだ末に出した結論だった。

本人達の意志なので、解散を止めることはできないが、僕は彼等に最後の舞台を一緒にやりたいと申し出た。太宰なら「電車で席を譲るよりも厚かましい行為だ」と僕を叱るだろう。叱られてもいい。これは優しさなんかじゃなくて、僕の我が儘なのだ。みんなは「売れない芸人」って一括りにして言うけれど、確かにそうなのだけど、でも全然違うのだ。偉人を育てた母親以外は全員ただのオカンに過ぎないかもしれない。だけど誰かにとって最高のオカンでもあったりするのと同じように、売れない若手芸人も誰かにとって最高だったりするのだ。まわりくどい表現になったが、僕は凄く彼等の面白さが好きだった。そして、それは多くの人に伝わると信じていた。

二〇一一年一月品川ステラボールにて開催した『さよなら、絶景雑技団』というコントライブ。寿ファンファーレのコントは凄く面白かった。観客も大いに沸いていた。「ほら見てみぃ！　ほら見てみぃ！」と僕はずっと誇らしげな気持ちと、誰かに対してイラつく気持ちで感情がグチャグチャになっていた。

ライブのエンディングで、「昔から、『リンダ リンダ』が踊れない……」と言った僕に、彼等は「又吉さんは好きなことは頑張るけど、苦手なことをサボる癖があります。でも又吉さん、お笑い続けられるの羨ましいです。これからは全部全力でやって下さい」

と言った。その重く刺さる言葉。そして二人は寿ファンファーレを響かせているつもりか「パァ〜!!!」と大声で叫び出した。その意味の解らん情熱。

幕が閉まる前の舞台上で、爆音で流れる『リンダリンダ』に合わせて、僕は誰よりも高く跳び、誰よりも激しく踊った。十八歳の自分に見せてやりたかった。

しばらくして、結婚した後輩から双子が生まれたという報告があった。これこそまさに『寿ファンファーレ』だと思った。子供の名前を聞いたら、一人には『寿』、もう一人には『奏』という字が入っていた。

九十九　昔のノート

死にたくなるほど苦しい夜には、これは次に楽しいことがある時までのフリなのだと信じるようにしている。のどが渇いてる時の方が、水は美味い。忙しい時の方が、休日が嬉しい。苦しい人生の方が、たとえ一瞬だとしても、誰よりも重みのある幸福を感受できると信じている。その瞬間が来るのは明日かもしれないし、死ぬ間際かもしれない。その瞬間を逃さないために生きようと思う。得体の知れない化物に殺されてたまるかと思う。反対に、街角で待ち伏せして、追って来た化物を「ばぁ」と驚かせてやるのだ。そして、化物の背後にまわり、こちょこちょと脇をくすぐってやるのだ。

百 ✿ アパート

最近、風呂無しのアパートを借りた。

うっすらと聞こえる隣人の溜め息。ガスストーブをつけてから部屋が暖まるまでの時間。釘穴だらけの古い柱。

壁には『咆号』という田中象雨の書。

或いは『Ｖｏｉｃｅ』という平子雄一の絵。

便所に〝詩へ螺旋階段のぼりつつ夜寒〟という堀本裕樹の句。

持ち込んだ、太宰治、古井由吉、町田康、中村文則、せきしろ、西加奈子……。そして、数え切れないほどの音楽……。

楽しい東京の夜の始まり。

IV

代田富士見橋の夕焼け

あれはいつの冬だっただろう。相方の綾部と世田谷公園でネタ合わせをしていたのだが、寒くて集中できるような状態ではなかった。

「寒いと思うから寒いんだよ」

綾部は全身を小刻みに震わせながら歯をカチカチ鳴らしてそう言った。お前が言うなと思ったが、その言葉を僕は言わない。

こんな風景が『東京百景』にあっても良さそうなものだが、無かった。

これから、ピースとして初めて新宿ルミネの舞台に上がる。ネタ合わせは充分してきた。七階を目指して昇っていくエレベーターの中で、綾部は僕に背中を見せたまま

「伝説のはじまりだ」と言った。これから一緒にやっていくのが不安になるほど、恰好悪い言葉だった。

こんな風景も無かった。

ある朝、綾部から電話が掛かって来て起こされた。綾部は「テレビをつけろ」と言った。なにか大きな事件があったのかと不安になった。指定された番組には長閑(のどか)な田園風景が流れていた。どういうことだろうと思っていたら、綾部は「これが俺の育った地元だ」と言った。なぜ、それを僕が観なければならないのか全く解らなかった。

こんな風景も無かった。

意図して相方を登場させていないのではないかと疑いたくなるほど気配が薄い。その代わりに、ずっと街を這いつくばっている情けない若者がいるなと思ったら、それは過去の自分だった。自分のみっともない姿を自然に書いている。ここまで正直に書けたのは、ここでしか自分の言葉で語ることが許されなかったからだ。誰かを喜ばせるために文章を書こうと思ったことは無い。いろんな理屈をその都度こねてはみるけれど、結局、自分を延命させるために書いている。それで誰かが笑ってくれたら嬉しいけれど、そんな誰かの姿を想像して書けるほど余裕は無い。

それにしても、『東京百景』の頃、ピースはどうしていたのだろう。

一九九九年の春のことを思い出すと、今でも憂鬱になる。溜池山王にあった吉本興業東京支社ビルの地下で面接が行われた。五百人ほどいた志望者が十人ずつに分けられ順番に部屋に入れられた。

あまりにも常識からはずれた者だけが落とされる。郵便局員の恰好をして、「貯金が五百万円あります」と自己アピールした男に、面接官は呆れた表情で、「あきらめられへんのか?」と言った。彼は前年も面接で落とされたらしい。その年、彼は合格したが二週間ほどすると満足したのか養成所に顔を見せなくなった。

面接中、「ネタできる人いたらどうぞ」と面接官が言った。同じグループの中で二組だけ手を上げた。一組は僕が中学の同級生と組んでいた線香花火というコンビ。もう一組もコンビだった。彼等はサッカーのPKの設定で一人はキッカー、一人はキーパーを演じた。キッカーが蹴ったボールをキーパーがキャッチするのだが、それがピンポン玉くらい小さいというショートコントだった。

誰も笑わないままコントが終わり、「はい、はい。じゃあ、次」と面接官が言って、何事も無かったように時間は流れた。そのショートコントをしていたのが、綾部祐二が幼馴染と組んでいたスキルトリックというコンビだった。その次に僕達も漫才をやったが、やはり誰も笑わなかった。

養成所で最初に、コンビニの面接という設定で一人コントをする授業があった。綾部は面接中に「ちょっと、すみません」と断り、携帯電話で「三時だからおじいちゃんの手錠はずしといて」と言うコントをやっていた。僕は、仏頂面の男が「明るい人募集かぁ、ここで人生変えてみるか」と言って面接に挑むというコントをやった。

養成所に通い始めて、二週間ほど過ぎた頃、溜池山王の駅前に綾部が立っていた。

「又吉君、一通りみんな見たけどさ、面白いの俺と又吉君だけだから頑張ろうよ」

と話し掛けられた。

綾部は、サングラスを掛けていて、「STAR」とプリントされた大きなサイズのTシャツを着ていたので、魔法をかけられ子供にされてしまった子供大人のように見えた。帰りの電車で当時の相方と「あいつ誰やねん」と悪口を言ったりした。

綾部は幼く見えたが、僕よりも三歳年上だった。高校まで上下関係が厳しく二年先輩は神様という気風の部活にいたので三学年も上となると、それだけで怖気(おじけ)づきそうになった。

だけど、たとえ年齢差があっても同期に敬語を使うと舐められてしまうから良くないと噂で聞いてもいたので、年齢に捉われず誰に対しても平等に同期として接しようと決めていた。

そんな時、綾部が耳元で囁いた。

「なんかさ、年下の癖にタメ口で話してくる奴いるけどさ、バカだよな」

綾部も体育会系の部活にいたので上下関係にうるさかった。

僕は反射的に「そうですよね、綾部さん」と一瞬で心が折れて敬語を使ってしまい、そこから変な上下関係が生まれた。

徐々に会話が増えて養成所時代はよく一緒に遊ぶようになった。休憩時間に定食屋に入ると、綾部は「カルビ定食が一番美味いぞ。それにするだろ？」と言った。なぜ人の食べるものまで決めてしまうのだろうと不思議に思ったが、そういう人だった。

「部屋に帰ったらさ、知らない裸の女がいたらどうする？」

綾部はよく僕に謎の質問をした。

「なにしてるんですか？って聞きます」

いつも僕は真面目に返事をした。綾部はその反応を楽しんでいるようだった。

一緒に街を歩いていても、綺麗な女性がいると綾部は必ず声を掛けた。

「恥ずかしくないんですか？」

そう聞いた僕に綾部は、「プライド高いから恥ずかしいんだよ。俺は毎日、さぼらず素振りしてるだけ。素振りもしてないのに、ヒット打てるわけないだろ？」と言った。

綾部は眼に力を込めて力説していたので、「そうですね」と頷いたが、それはただのナンパの話でしかなかった。綾部は自分に憧れている者に対するように語っていたが、僕はどちらかと言うと呆れていたのだ。ただ、そんな変な部分には共感できた。

代官山で服を買うのに付き合って貰ったことがある。駅前にある洋服屋だった。僕が試着室で着替えていると綾部が女性の店員さんと試着室の外で話しているのが聞こえて来た。僕は着替え終わっていたが、二人の邪魔をしないように試着室の中から会話を聞いていた。

結局、その店員さんは綾部の恋人になった。

デビューしてすぐの頃に綾部が組んでいたスキルトリックは解散してしまった。面白かった同期のコンビが解散するのは寂しかった。

僕は三年ほど、線香花火で活動していたが、漫才とかコンビというものに幻想を抱き過ぎていたのか、次第に平衡感覚を失い、二〇〇三年夏に線香花火は解散することになった。最後の舞台は新宿のルミネtheよしもとでの対戦形式のネタライブで、相手はピン芸人として活動していた綾部だった。

その一月後に同じ劇場でピースは初舞台に立った。正直に言うと線香花火を続けられないなら芸人を辞めようと思っていた。芸人を辞めるということは、他になにもできない自分にとって、この社会で生きていけないということでもあった。

なにも考えられなくなり具体的に調べもしないで、「京都で寺に入る」などとよく解らないことを言っていた。

綾部は、「寺、早くない?」と言った。「一緒にやってみるか」とも言った。二人でコンビを組んだらどうなるのか全く想像がつかなかったが、綾部は僕のやり方に全て合わすと言った。それならやれるかもしれないと思い、試しに一定期間組んでみて、駄目なら辞めようということになった。

当然のことだけど、それまで応援してくれていた方々は劇場に来なくなった。自分を応援してくれていたのではなく、自分の状況を応援してくれていたのだということに気づいた。自分が空っぽの箱のように感じられた。それ以降、誰かに褒められても貶(けな)されても、それは自分ではなく自分の状況に対しての反応なのだと考えるようになった。

コンビ名を決めるのは苦労した。僕が提案したのは「陽」と書いて「ヤン」と読むコンビ名だった。綾部が提案したのは「ストリップ」とか「AJ」だった。絶対に嫌だった。だが、振り返ってみると「陽（ヤン）」にならなくて本当に良かった。

綾部は僕のやり方に合わすと言っていた癖に全然譲らなかった。二人では決めきれなかったので、カタカナ語辞典を持参し適当にページを開いて指を差すという方法を試した。「スカベンジャー」という知らない単語が出た。綾部は「ヒーローみたいでいいんじゃない」という反応だったので、それに決まりかけたが、意味を確認すると「ウジ虫。腐肉をあさるもの」とあったのでボツにした。その言葉は自分自身に響いているような気もした。結局、どちらの範疇にも属さない言葉ということで、僕達は「ピース」という嘘のような名前になった。

学生の頃から暇な時に想像してしまう物語がある。線香花火を解散して、ピースを結成した時期もよく頭に思い浮かべていた。

建物の屋上で両手に一本ずつ傘を持って走る「A」という少年がいる。A少年はいざという時に両手の傘を使い、そこから飛び降りて傘の浮力でゆっくりと地上に着地するというイメージを持っている。いつも屋上で脱出の練習に励むA少年に、「傘なんてひろげても落ちて死ぬだけだ」とB少年は嫌みを言ってバカにしていた。ある日、街にゾンビが大量に発生して、少年達が住む建物もゾンビに包囲された。ゾンビに追われて階段を駆け上がったB少年が屋上の扉を開けると、傘を両手に持ったA少年の背中が見えた。今まさにA少年は屋上から飛び降りて脱出しようとしている。すると、B少年がA少年に近づき、「傘二本あるんだから、一本貸してくれよ」と言う。

この時のB少年の狡猾さに呆れてしまう。あんなにもバカにしていた癖に。A少年は危機のために備えていたのではなく、純粋な気持ちで飛べるタイミングを待っていたのだ。ようやく訪れたその機会をB少年は奪おうとする。A少年の魂を奪おうとする。だが、A少年は傘を貸してしまう。そして、二人の少年は一本ずつひろげた傘で屋上から飛び降りて、そのまま落ちてしまうという空想。このB少年の身勝手さに僕はいつも腹が立った。ただ、その奔放さに笑ってしまうのも事実だった。それまで積み重ねてきた時間や情熱を台無しにしてしまう行為は正しくはないが人間臭くて笑えてしまう。

綾部にはB少年のような人間臭いところがあった。

かつて僕が長文の日記をウェブで公開していた時には、「長文なのに誰も読んでねぇぞ。労力と結果が合ってないからやめた方がいい」と平気でそんなことを言った。本人に悪意があるわけではない。だが、僕が書いた文章が本になると、「俺は前から書けって言ってたんですよ」と取材などで自分が書かせたように話したりする。あきらかに美談を捏造しているのだが、なぜか笑ってしまう。

コンビを組んですぐの頃は、友達の延長のようなものだったので楽しかった。どこか浮かない顔をしている僕に「さっきのパンツ気になってるんだろ」と綾部が言う。「でも二万もしましたから」と煮え切らない僕に、「食費抑えたらなんとかなるだろ、後で後悔するぞ」と綾部は言う。僕は「そうですよね」と言って、結局、二人で中目黒の洋服屋に戻り、サスペンダーが付いた黒の太いパンツを買った。それでも浮かない顔をしていると、綾部は「今度はなんだよ?」と言う。

「この新しいパンツに着替えたくて」

「なんだよそれ、代官山の公園ならトイレあるから着替えられんじゃねえか？」

綾部の助言通り、代官山の公園に移動して新しいパンツに履き替える。

「ちょっと大きいですかね？」

僕がパンツの丈を気にしていると、綾部が地面に膝をついて僕のパンツの裾を折り、

「これくらい丈詰めてもいいかもな」と言う。

「そうですね」と僕が相槌を打つと、綾部が「なんだよこれ！　ネタ合わせで、こんなことやってるコンビ絶対売れねぇよ！」と言って笑ったので、僕も笑った。

また別の日、ネタ合わせの公園に向かう途中、並んで歩いていると、二人の間に柱が出て来て視界が遮られた。再び顔を見せた綾部は変な顔をしていて笑った。また柱が視界を遮った。次は自分の番だと思い、勇気を出して変な顔をして白眼をむいてみたが、綾部の笑い声が聞こえなかった。不安になり黒眼に戻すと綾部も白眼をむいて変な顔をしていた。どちらも白眼をむいていたので、お互いの変な顔が見えなかったのだ。二人で笑った。笑ったけれど、この互いの顔が見えないという風景が僕達の関係性を示してもいた。

お互いに好きなものは似ているが二人の選択するアプローチが全然違うので苦労した。ネタの設定を持って行っても、綾部の好みに合わないと採用されない。即効性のあるネタ以外は必要無いという綾部の選択は圧倒的に正しかったが、僕自身としては誰も必要としていない不要なものを作ることが自分の特性だと理解していたので、それが叶わないのは苦しかった。

自分は一人では成立しない芸風だと解っていたので、相方が必要だった。だが自分の隣りにいるのは達者で優秀なピン芸人だった。

次第に自主性が無くなり、自分の存在意義が解らなくなった。舞台に立っているのに人の背中に隠れてしまうようになった。僕にはこの時期の記憶がほとんど無い。

傘も屋上も奪われたA少年が近所を徘徊しているような奇妙な日々だった。

ある日、楽屋で綾部が先輩と話している声が聞こえて来た。綾部は相方よりも多く稼ぐことがモチベーションになっているという話をしていた。衝撃を受けた。自分は今までそんな風に考えたことがなかった。もっとコンビに浪漫と幻想を求めていた。

その瞬間、僕はコンビという概念の捉え方を変えた。自立しようと思った。数年間、眠らせていた自分の細胞に活動を再開させた。学生時代と同じだ。一人で思いついたことをノートに書く。ピースでできないことをやらないままにせず、一人でやる。

そのノートに書いた言葉は漫才やコントではなく、『東京百景』になった。ここまで正直に書けたのは、ピースとしての活動があったからこそだった。ピースでの活動が虚(きょ)ということではない。個人の活動が虚でもない。ピースは組織ではなく、個だった。カタカナで名づけたその響きに意図は無い。だが今では想念としてのピース、小片としてのピース、どちらの言霊も働いているように感じられる。

最も関係が深いはずの相方綾部が『東京百景』にほとんど登場しない理由はそういうことだ。ここに綴られたほとんど全ての文章の背景にはピースとしての活動が流れている。ピースで抑制された感覚を全て出し切るために言葉を書いた。これを書けたからピースを継続できた。どちらが無くても僕の東京の風景は成り立たない。朝と夜。全編に流れる退廃的な空気はピースで負傷した夢でもある。

「相方なんだから、もっと綾部さんの優しさを世間に伝えてください」と幼稚な文章を寄こして来た人がいたが、そんなことはどうでも良い。優しさを与えてくれないと誰かを好きと思えないような、その程度の欲望で触れて来ないでいただきたい。優しいかどうかなんてただの状態に過ぎない。そんなものは、とっくに超越している。あらゆる要素を含み、得体の知れない生きものとして存在しているその人こそを隣りで笑っていたい。

二〇一五年に『火花』という題で芸人の世界を小説に書いた。文章を読むのが苦手で「領収書が限界」と嘯（うそぶ）く綾部が無理をして読んでくれた。「相方が書いた小説だからな」という言葉は嬉しかった。読み始めて、三ヵ月後に「やっと後半なんだけど、俺はいつ出て来るんだよ?」と綾部が言った。「出て来るわけないやろ」と僕は答えた。あんなにも僕が文章を書くことに関して興味を示さなかったのに、「俺が書けって言ったんです」と平気で嘘をつき、なんとか利権に関わろうとする綾部の姿勢は相変わらずB少年だった。

そんなある日、僕がテレビ局に入ると、楽屋の照明がいつもよりも暗かった。綾部は「前から言ってた通り、アメリカで勝負するわ」と言った。それで照明が感傷的に作られていたのだ。深刻な言い方も妙に面白かった。

アメリカに行くことが決まってからの綾部は以前にも増して快活になった。まだ渡米前にもかかわらず、「日本のウインクはこうだろ、でもアメリカのウインクはこうなんだよ」と僕にとって全く興味が無いことを得意気に語ったりした。

その頃、綾部は過去最高に仕事が多かった。テレビのレギュラー番組も沢山抱えていた。「とにかくスターに成りたい」と公言していた綾部にとって、自分でスポットライトから去るというのは大きな決断だったと思う。

多くの人が「成功するわけがない」と言った。成功するのが難しいことに挑戦するから話題になっているのに。

世間には多くのB少年が潜んでいる。綾部は誰よりもA少年だった。傘も持たずに屋上から飛ぼうとしている。それなのに覚悟が決まらず、「怖いよ、怖いよ」と言っていた。そんな綾部をバカにして笑う人達がいた。僕は笑わない。

些細な選択を繰り返した結果、なんとなく今の自分がいる。数々の選択の中には間違いもあった。ただ、全ては自分で決めたことだから、誰のせいにもしてはいけない。自分で好きな道を選んで良い時は遠慮しない。誰にも気なんて遣わない。その代わり大人になった今、全ての責任は自分にある。途中、迷子になったこともあったし、何日も空が見えない森の中を泥だらけで這いつくばって進んだこともあった。嵐に巻き込まれたこともあった。甘い木の実を食べられたこともあるし、息を呑むほどの絶景に出会したこともある。熊に殺されそうになったことだってあった。全て自分で選んだのだから、誰のせいにもしない。

でも、「冬の雨冷てえ！」とか、「熊怖え！」とかは言っても良いですか？　大概の言葉は呑み込むけれど、叫んでテンション上げないと死んでしまう可能性があるので、そういう時は顔を真っ赤にして叫んでも良いですよね？

だから、思った。

誰も見たことが無い景色を見るためには挑戦するしかないのだけれど、もし怖かったなら「怖い！」、「逃げたい！」と全力で叫んでも良い。そう叫びながら、少しずつ前に進む方法は粋ではないかもしれないけれど、そもそも粋ってなんだ？　恰好つけようが、怯えていようが一歩は一歩だ。

鼻水撒き散らしながら進めるところまで進んでみて、駄目だと思えば逃げれば良い。それだけのことだ。僕達は誰かを喜ばすために生きているわけではない。あなたもきみも。あいつも。おまえも。ただ生きている。その辺に咲いている花と同じ。人間を喜ばすために咲いているわけではない。ただ咲いているだけ。日光を浴びて、雨に降られてただ咲いている。

散歩しているとポエジーな気持ちになる。

ポエジーと自虐的に言ってはみるけど、予防線を張る必要も無い。詩情を恥じることも無い。詩情をバカにしようとする自分だけを恥じることにしよう。過剰なセンチメンタルを笑う奴は、ナイーブな心をバカにする奴は、センチメンタルが生み出す攻撃力を、ナイーブがもたらす激情を知らない。

散歩を続ける。帰り道はもう無い。踏んだ道は全て溶けてしまったから。振り返るのは怖いから前だけを見る。たまに横を見るのも良しとする。前方に視線を投げながら、いつかの風景を思い出していることが本末転倒だなと思いはするが、ルール上は問題無い。この散歩のルールは僕が作ったものだから。

空がひらけた場所があった。夕焼けが見える。ビルの屋上から綾部が飛ぼうとしている。

顔面を引き攣らせながら、助走を始めようとしている。下から屋上を見上げる観衆が笑っている。落ちるだけだと笑っている。僕は笑わない。僕は「飛べー！」と叫ぶ。何度も叫ぶ。僕はA少年の味方だから。みんな笑っている。僕は笑わない。人を笑うのは簡単だが、人に笑われるのは難しい。惨めな特技を遺憾なく発揮している。これが僕達の共通項だ。そうやって東京で生きて来た。

なんだか綾部は飛べそうな気がする。綾部が失敗して落ちたら「だから言ったのに」と誰かが言うだろう。僕はそんなことは言わない。綾部が落ちたら、その時こそ僕が一番笑おう。

夕景の奥に山が見える。あれはなんの山だろうか。良い景色だ。自分で選んだ道の先にこの風景があった。綾部なら、「ニューヨークの夕焼けはこんなもんじゃねぇぞ」などと面倒臭いことを言いそうだ。

二〇二〇年

又吉直樹

本書は、二〇一三年九月にヨシモトブックスより刊行された単行本を加筆修正のうえ、文庫化したものです。本文中の情報は単行本刊行時のものです。

「Ⅳ」は文庫化に際し、新たに書き下ろしました。

東京百景

又吉直樹

令和２年 ４月25日　初版発行

発行者●郡司 聡

発行●株式会社KADOKAWA
〒102-8177　東京都千代田区富士見2-13-3
電話　0570-002-301（ナビダイヤル）

角川文庫 22118

印刷所●株式会社暁印刷
製本所●株式会社ビルディング・ブックセンター

表紙画●和田三造

ISBN 978-4-04-896770-9　C0195

JASRAC 出 2002407-001

角川文庫発刊に際して

角川源義

第二次世界大戦の敗北は、軍事力の敗北であった以上に、私たちの若い文化力の敗退であった。私たちの文化が戦争に対して如何に無力であり、単なるあだ花に過ぎなかったかを、私たちは身を以て体験し痛感した。西洋近代文化の摂取にとって、明治以後八十年の歳月は決して短かすぎたとは言えない。にもかかわらず、近代文化の伝統を確立し、自由な批判と柔軟な良識に富む文化層として自らを形成することに私たちは失敗して来た。そしてこれは、各層への文化の普及滲透を任務とする出版人の責任でもあった。

一九四五年以来、私たちは再び振出しに戻り、第一歩から踏み出すことを余儀なくされた。これは大きな不幸ではあるが、反面、これまでの混沌・未熟・歪曲の中にあった我が国の文化に秩序と確たる基礎を齎らすためには絶好の機会でもある。角川書店は、このような祖国の文化的危機にあたり、微力をも顧みず再建の礎石たるべき抱負と決意とをもって出発したが、ここに創立以来の念願を果すべく角川文庫を発刊する。これまで刊行されたあらゆる全集叢書文庫類の長所と短所とを検討し、古今東西の不朽の典籍を、良心的編集のもとに、廉価に、そして書架にふさわしい美本として、多くのひとびとに提供しようとする。しかし私たちは徒らに百科全書的な知識のジレッタントを作ることを目的とせず、あくまで祖国の文化に秩序と再建への道を示し、この文庫を角川書店の栄ある事業として、今後永久に継続発展せしめ、学芸と教養との殿堂として大成せんことを期したい。多くの読書子の愛情ある忠言と支持とによって、この希望と抱負とを完遂せしめられんことを願う。

一九四九年五月三日